세계인이 놀라는
한국사
7장면

딱 2시간, 흥미진진 한국사 토크 콘서트

세계인이 놀라는

한국사
7장면

한국인의 자존심을 회복하고,
국사를 바로 세우는 인문 한국사!

이종호 지음

for
book

세계인이 놀라는 한국사 7장면

2016년 1월 15일 초판 2쇄 발행
지은이 이종호

펴낸이 김우연, 계명훈
편집 손일수
마케팅 함송이
경영지원 이보혜
표지 디자인 이혜경

펴낸곳 for book
주소 서울시 마포구 공덕동 105-219 정화빌딩 3층
문의 02-752-2700(에디터)
출판 등록 2005년 8월 5일 제2-4209호

값 12,000원
ISBN 979-11-5900-000-3 (03910)

상아탑과 역사 대중 이어주는 역할 기대

대다수 한국인들은 오늘날 한국의 국제적 위상에 상응하는 한국의 역사와 문화를 과거에서 찾고자 한다. 그런데 역사학자들의 글은 너무 전문적이거나 학술적이어서 역사 대중들이 읽기에는 십중팔구 딱딱하거나 어렵다. 그런 만큼 역사의 생산자와 소비자를 이어주는 중간 고리 역할이 중요해졌다. 하지만 역사 장사꾼들이 이런 틈바구니를 비집고 들어와 대중을 호도하고 있는 게 현실이다. 그런 가운데서도 필자처럼 뜻있는 식자들이 우려를 넘어 행동에 나선 결과물 중의 하나가 이 책이라 생각한다.

이 책의 필자는 대학에서 역사를 전공하였고, 기자로서 대중적인 글쓰기에 오랫동안 종사하였으니 역사의 생산자와 소비자를 이어주는 데 이보다 적임자는 없을 듯하다. 부디 역사 연구자와 역사 대중을 연결하는 빛나는 고리가 되기를 바라며, 멀리 타국에서 분투하고 있는 필자에게 성원의 박수를 보낸다.

남동신(서울대학교 국사학과 교수)

다양한 사례, 생생한 설명이 '매력적'

　단지 시험을 위해서 한국사를 공부한다면 그 공부는 얼마나 지루할까? 시험을 위한 공부가 아니라, 읽다 보니 재미있어서 그 부분을 더 알아보는 노력을 한다면 학생들의 역사 이해는 한층 더 깊어질 수 있을 것이다.

　이 책의 가장 큰 장점은 학생들이 이해하기 쉬운 다양한 사례를 들어 우리 역사의 자랑스러운 부분들을 설명하고 있다는 것이다. 이는 저자의 오랜 기자 생활을 통해 자연스럽게 나타나는 쉬우면서도 논리적인 글쓰기의 영향일 것이다. 한글과 관련하여 신문 칼럼을 적절히 이용하여 세계인이 인정하는 한글의 우수성을 보여주고, 기록유산과 관련해서는 유네스코 기록유산을 소개하는 등 우리만 주장하는 우수성이 아닌 세계인이 인정하고 칭찬하는 사례들을 통해 우리 역사의 우수성에 고개를 끄덕이게 한다.

　또한 만 원짜리 지폐 속에 있는 인물이나 유물 그리고 생활 속의 불교 용어들에 대한 설명 등 학생들이 쉽게 경험할 수 있는 곳에서 설명을 이끌어 내어 학생들의 이해를 돕고 있다. 많은 학생들이 이 책을 읽고 그저 "우리 역사가 훌륭해!" 하고 끝내지 않고, 이를 실마리로 더 깊고 풍부한 우리 역사의 바다 속으로 들어가길 바라는 마음이다.

박범희(서울 중앙고등학교 역사 교사, '우리 역사교육의 역사' 공동 저자)

인문학적 소양으로서의 역사를 '만끽'

한때 신입사원 선발 업무를 담당하면서 '과연 우리 조직에 진정으로 필요한 인재는 어떤 사람일까?'라는 문제로 고민한 적이 있습니다. 취업이라는 좁은 문을 통과하기 위해 우수한 학점과 뛰어난 어학 점수, 인턴 경험에 사회봉사 활동까지 이른바 화려한 스펙으로 중무장하고 돌진해 오는 무수한 지원자들을 보면서 이런 고민은 더 커졌습니다.

또 한편으론 인터넷, 스마트폰, SNS 등 디지털 첨단기술을 통해 광대한 정보와 지식의 바다를 거침없이 활보하는 요즘 젊은이들이지만 과연 인문학적 소양, 특히 역사에 대한 지식과 인식도 그만큼 따라가고 있을까 하는 의문도 일었습니다. 그래서 신입사원 선발 시험에 실물 경제나 어학 능력에 대한 검증과 더불어 우리 역사에 대한 질문도 몇 번 던진 적이 있었습니다. 그때 지원자들의 대답들을 보면서 우리 역사를 일목요연하면서도 주제별로 정리해 놓은 책이 있다면 큰 도움이 되겠구나 하는 생각을 했습니다. 그런데 이 책을 읽으면서 정말 필요한 책이 나왔구나 하는 생각이 들었습니다.

자칫 딱딱하고 지루할 수 있는 우리 역사에 대해 일곱 가지 주제로 나눠 쉽고 재미있게 풀어 설명함으로써 우리 역사에 대한 맥락을 잡아 주고 동시에 자부심도 느끼게 해 준다는 것이 이 책의 가장 큰 장점입니다. 뿐만 아니라 세계화 시대를 맞아 우리가 지구촌 어느 나라 어떤 사람을 만나더라도 자랑스럽게 이야기해 줄 수 있는 우리 역사의 여러 장면들을 떠올리게 해 준다는 점도 놀라웠습니다.

　확신컨대 이 책이 우리 시대를 사는 젊은이들에게 어떻게 역사와 대화하고 소통해야 하는 지를 일러 주는 좋은 길잡이가 될 것입니다.

심상비 (한국무역협회 유럽 본부장, 전 인사팀장)

몇 년 전 어떤 기업체 입사 시험 문제를 출제하고 채점까지 한 적이 있었습니다. 1차 서류 전형을 통과한 500여 명을 대상으로 한 2차 필기 시험이었습니다. 그때 낸 문제가 '세계인이 놀랄만한 우리 역사의 한 장면을 꼽고 그 이유를 설명해 보라'는 것이었습니다. 답안지를 채점하며 깜짝 놀랐습니다. 거의 3분의 1 가까이가 김연아 선수와 박태환 선수를 언급했기 때문입니다. 그다음으로 이순신 장군, 세종대왕이 많았습니다. 신사임당과 이율곡, 유관순, 박정희 그리고 6.25 전쟁과 경제 발전을 꼽은 답안지도 간간히 보였습니다.

당시 김연아, 박태환 선수는 우리 사회의 최고 스타였습니다. 또 그때는 이순신 장군을 주인공으로 한 영화와 드라마가 크게 인기를 끌었고, 세종대왕의 한글 창제를 다룬 드라마도 여운이 남아 있을 때였습니다. 수험생들의 천편일률적인 답안은 이와 무관치 않아 보였습니다. 물론 이들도 자랑스러운 우리 역사이긴 합니다. 하지만 요즘 젊은이들이 드라마나 영화에서나 만난 역사가 우리 역사의 전부인 줄로 아는 것 같아 너무 안타까웠습니다.

또 다른 경험이 있습니다. 얼마 전 정기 검진을 받으려고 병원에 갔을 때였습니다. 예약을 하고 갔는데도 사람들이 많이 와 있어서 제법 기다려야 했습니다. 대기실에 앉아 잡지를 뒤적이고 있는데 어떤 70대 중반쯤 돼 보이는 어르신 한 분이 갑자기 버럭 화를 내며 이렇게 말씀하셨습니다.

"한국 사람들 도무지 질서를 몰라. 역사가 그 모양이니까 그렇지."

그러고도 화가 안 풀렸는지 접수 안내 창구에 대고 마구 푸념을 했습니다. 들어 보니 어르신 앞으로 누군가 새치기를 한 모양이었습니다. 사정은 이해가 갔지만 갑자기 의문이 들었습니다. 우리 역사가 그 모양이라니요? 왜 애꿎은 우리 역사를 거기다 갖다 붙이나 싶었습니다. 이분만이 아닙니다. 주변을 보면 우리 역사를 잘 못 이해하고 있는 분들이 너무 많습니다. 우리 역사에 대해 불만을 가지거나 부끄럽게 생각하는 분도 적지 않습니다. 그런 분들이 툭하면 내뱉는 말이 다음과 같은 말들입니다.

"모이기만 하면 싸운다니까. 엽전들은 어쩔 수 없어." "천 날 만 날 당파 싸움만 해댔으니 나라꼴이 그 모양이었지." "약자에겐 군림하고 강자에게 굽실거리던 사대주의 근성이 어딜 가겠어?"

단언컨대 이런 생각들은 알게 모르게 우리 의식 속에 스며 있는 일제 식민사관의 폐해입니다. 지금도 과거 역사를 반성할 줄 모르는 일본 때문에 우리가 얼마나 속상해 하고 있습니까. 그런데도 일본이 한반도 통치를 위해 교묘히 짜 맞춰 놓은 역사관을 아직도 떨치지 못한 채 답습하고 되풀이하고 있대서야 말이 되지 않습니다. 물론 우리 역사에는 안타깝고 속상한 부분이 분명히 있습니다. 하지만 자랑스러운 역사도 우리 역사요, 부끄러운 역사도 우리 역사입니다. 세계 어느 나라 역사를 보든지 어두운 면이 있으면 밝은 면도 있습니다. 과거를 너무 미화하는 것도 문제지만 지나치게 낮춰 보는 것도 피해야 합니다. 긍정이 지나치면 국수주의로 흐르고, 부정이 과하면 자기비하에 빠지고 말기 때문입니다.

그럼에도 고무적인 것은 우리 주변에는 자식, 손자들에게 자랑스러운 우리 역사를 이야기해 주고 싶어 하는 분이 의외로 많다는 사실입니다. 뿐만 아니라 이왕이면 긍정의 우리 역사를 알고 싶다는 분도 많습니다. 아마 요즘 중국이 급성장하면서 우리 역사를 자기네 역사로 편입시키려 하고 있고, 일본도 과거사 반성은커녕 오히려 재무장의 길로 내닫고 있는 때여서 우리 역사에 대한 관심이 어느 때보다 고조되어 그런 것 같습니다.

이 책은 무엇보다 이런 분들을 생각하며 썼습니다. 하지만 우리 역사를 제대로 공부해 보고 싶은데 너무 지루하고 어려워 어디서부터 시작해야 좋을지 모르겠다는 중·고등학생들도 염두에 두었습니다. 또한 요즘 많은 기업들이 우리 역사에 대한 지식과 안목을 갖춘 사람들을 뽑으려 하는 만큼 대기업이나 공기업 입사를 준비하는 젊은이들에게도 좋은 지침서가 되리라 생각합니다.

이 책에서 다룬 7장면은 논란의 소지가 적은 근대 이전 시대에서 주로 뽑았습니다. 물론 특별한 기준을 두고 정한 것은 아닙니다. 다만 오랫동안 우리 역사에 대해 관심을 가져오면서 한국인이라면 이 정도는 꼭 기억하면서 자랑스러워해도 좋겠다는 생각이 든 항목들을 뽑아 본 것입니다. 각 장면은 가능하면 단순 나열보다는 우리 역사의 앞뒤 맥락을 짚어 가면서 왜 그것이 자랑스러운 우리 역사의 한 장면인지 그 시대적 의미를 찾아보고자 했습니다. 또한 남다른 역할을 감당한 인물이나 사건은 따로 정리해 이해를 돕고자 했습니다. 전체 우리 역사의 흐름을 먼저 알았으면 하는 분들을 위해서는 개괄적이나마 전체 한국사를 정리해 '부록'으로 붙였습니다.

책을 쓰면서 여러 한국사 연구 논문과 관련 서적들을 많이 참고했습니다. 평소 관심을 갖고 스크랩해 두었던 신문 기사나, 잡지, 인터넷 자료들도 큰 도움이 되었습니다. 하지만 이 책이 전문 역사 연구서나 학술서가 아니라는 점에서 일일이 출처와 인용을 밝히지는 않았습니다. 그렇다고 그들을 향한 감사의 마음이 줄어드는 것은 결코 아님을 고백합니다. 부족하나마 이 책을 통해 독자들이 우리 역사에 대해 좀 더 관심을 갖게 되고, 우리 대한민국을 좀 더 사랑하게 된다면 저자로서 더없는 보람이자 기쁨이겠습니다. 감사합니다.

2015년 8월 15일
70주년 광복절 아침에 이종호

차례

첫 번째 장면

신라의 삼국 통일

이상합니다. 왜요? 통일을 했는데 그게 마음에 안 든다는 겁니다. 역사를 좀 안다는 사람들이 더 그렇습니다. 무슨 말이냐고요? 예, 신라의 삼국 통일 이야기입니다. 주변을 돌아보면 이를 자랑스러워하기보다 오히려 불만스러워하는 사람이 많습니다.

　이유는 크게 두 가지입니다. 첫 번째는 광활한 만주 땅을 잃어버렸다는 것이고, 두 번째는 외세의 힘을 빌린 불완전한 통일이라서 그렇다는 것입니다. 좀 더 구체적으로 말하면, 첫째는 신라에 의한 삼국 통일은 결과적으로 우리나라의 국경선을 대동강에서 원산만 이남으로 한정시킴으로써 광대한 만주 땅을 우리 역사의 무대에서 밀어내 버렸다는 것에 대한 불만입니다. 그런 불만은 광활한 만주 벌판을 휘젓던 고구려가 삼국을 통일했더라면 우리 역사는 더 화려했을지도 모른다는 가정으로 이어집니다. 하지만 '역사에서 가정이란 정말로 부질없는 일'이라는 말도 있듯이 이제 와서 안타까워한들 역사를 되돌릴 수도 없으니 무슨 소용이 있겠습니까?

　두 번째 불만은 신라가 삼국 통일 과정에서 왜 당나라를 끌어들였느냐는 것입니다. 민족의 자주성을 훼손하면서까지 통일을 했어야 했는지, 외세의 간섭을 초래한 통일이 무슨 의미가 있느냐 하는 비판이지요. 이런 시각은 민족사관을 강조하는 북한의 역사관과도 일맥상통합니다. 북한은 발해가 고구려를 계승했고, 신라는 대동강 이남에서만 통일을 이뤘기 때문에 진정한 통일이라고 할 수 없다는 입장을 가지고 있습니다. 따라서 진정한 의미에서 최초의 민족 통일 국가는 '고려'라고 보는 겁니다.

　몰론 그렇게 볼 수도 있습니다. 역사는 기록이자 해석이니까요. 하지만 우리 민족의 역사를 이야기할 때는 조금은 달라야 합니다. 현재의 눈으로 과거를 해석은 하되, 안타까운 과거라도 가능한 한 긍정적인 시각으로 바라볼 필요가 있다는 말입니다. 아닌 것을 옳다고 하자는 것이 아닙니다. 없었던 일을 억지로 만들어 붙이자는 것도 아닙니다. 단지 있는 것 안에서도 좀 더 긍정의 의미를 찾아봐야 한다는 말입니다. 신라의 삼국 통일이 그렇습니다. 당시의 시대적 상황과 국제 정세, 삼국의 대립과 투쟁 과정 등을 이해하고 그 시대의 눈으로 바라본다면 얼마든지 의미 있고 자랑스러워할 만한 요소들이 많이 있기 때문입니다. 이제부터 그것을 하나씩 찾아보기로 하겠습니다.

통일로 가는 길

　먼저 삼국 통일의 과정부터 한 번 더 정리하고 시작하겠습니다. 삼국 통일까지의 과정을 연대순으로 간단히 적어 보면 이렇습니다.

　제일 먼저 백제가 멸망합니다(660). 이어서 고구려가 멸망합니다

1950년대에 발행된 태종무열왕릉의 비석 우표. 신라 29대 태종무열왕(김춘추, 재위 654~661)은 김유신과 함께 삼국 통일의 기반을 다진 인물이다.

(668). 이어 신라와 연합해 백제, 고구려를 공략했던 당나라를 이 땅에서 몰아내기 위한 전쟁이 일어납니다. 신라와 당나라 간의 전쟁, 즉 '나당전쟁'이 치열하게 전개됩니다(670~675). 그리고 마침내 신라가 삼국 통일의 대업을 이룩합니다(676).

신라가 삼국 통일을 한창 밀어붙일 때 백제의 마지막 왕은 그 유명한 의자왕입니다. 낙화암, 삼천궁녀 등의 설화 같은 이야기 속 주인공이지요. 하지만 실제 의자왕은 꽤 영특한 왕이었습니다. 그는 즉위하자마자 나라를 정비하고 신라의 여러 성城을 공격하는 등 나라를 부흥시키겠다는 의욕을 불태웁니다.

이에 크게 위기를 느낀 신라는 고구려에 구원을 요청합니다. 하지만 당시 고구려의 정권을 장악하고 있던 연개소문은 쌀쌀맞게 거절하고 맙니다. 그래서 신라는 당나라를 찾아갑니다. 도와달라며 치열한 외교전을 벌입니다. 그때 고구려로, 당나라로 외교 전선에 나섰던 주인공이 훗날 태종무열왕신라 29대 왕이 되는 김춘추였습니다. 김춘추의 집요한 설득에 결국 당나라는 신라의 요청을 받아들입니다. 이어 660년에 당나라 장수 소정방이 13만 대군을 이끌고 서해를 건너 백제를 공격하게 됩니다. 육지에서는 신라 김유신 장군이 이끄는 5만 병력이 합세합니다. 나당연합군의 질풍노도와 같은 공세에 백제는 계백 장군의 결사 항전에도 불구하고 수도 사비성은 결국 함락되고 맙니다. 이후 4년에 걸쳐 치열한 백제 부흥운동이 일어나지만 이마저도 실패로 돌아가고, 결국 백제는 속절없이 역사 속으로 사라지고 맙니다.

백제를 멸망시킨 신라와 당나라 연합군은 이번엔 말머리를 고구려 쪽으로 돌립니다. 고구려는 이미 수나라, 당나라와의 거듭된 전쟁으로 국력이 극도로 쇠약해져 있었습니다. 게다가 강력한 지도자였던 연개소문이 666년에 죽고 나자 지도층의 세력 다툼으로 내분까지 일어났습니다. 이때를 놓치지 않고 668년 9월, 신라 장군 김인문이 이끄는 27만의 신라군과 이적·설인귀가 이끈 50만의 당나라 군사들이 평양성으로 쳐들어갑니다. 이에 평양성은 함락되고 한때 동북아 최강국으로 군림하던 고구려 또한 멸망하고 맙니다.

그러나 아직 완전한 통일은 아니었습니다. 신라와 손을 잡고 백제, 고구려를 멸망시켰던 당나라의 속셈은 따로 있었기 때문입니다. 당나라는 먼저 백제를 멸망시킨 뒤 웅진도독부를 설치해 직접 통치하겠다고 나섭니다. 고구려 평양성에는 안동도호부를 두고 설인귀로 하여금 통치하게 했습니다. '도독부'니 '도호부'니 하는 것은 요즘으로 치면 식민지 지배를 위한 총독부 같은 것입니다. 그러니 옛 백제 땅, 고구려 땅을 자신들의 식민지로 삼겠다는 욕심이었던 것이지요.

당나라의 야심은 그것으로 끝나지 않습니다. 경주에는 '계림도독부'를 설치해 신라까지 넘보았습니다. 가만히 당하고만 있을 신라가 아니었습니다. 670년에 한강 이북 고구려 땅에 머물던 당나라 군

신라군의 당나라군 격퇴를 그린 우표. 당나라를 끌어들여 삼국을 통일한 신라는 당나라의 한반도 지배 야욕에 맞서 대당 전쟁을 벌이게 된다. 매소 성 전투와 기벌포 전투의 대승을 통해 6년 나당전쟁은 끝을 맺게 된다. 나 당전쟁을 통해 신라의 자주적인 의지를 읽을 수 있다.

대를 신라가 먼저 공격함으로써 나당전쟁이 시작됩니다. 치열한 전 쟁은 6년간이나 이어집니다. 마침내 신라군은 매소성 전투, 기벌포 대첩 등으로 당나라를 압박하며 안동도호부를 만주로 몰아냅니다. 동시에 백제와 신라 땅에 있던 당나라 도독부도 철폐시켰고, 676년 마침내 삼국 통일의 대업을 완성합니다.

　그런데 이 부분에서 의아해지는 것이 하나 있습니다. 7세기의 당 나라는 막강한 군사력을 지닌 세계 최강대국이었습니다. 그런데 어 떻게 신라가 그런 당나라 군대를 단번에 물리칠 수 있었을까요? 중 원대학교 서영교 교수의 『고대 동아시아 세계대전』이라는 책을 보 면 어느 정도 그 답을 알 수 있습니다. 그 당시의 당나라는 티베트 고 원에 있던 토번吐蕃, 중국 당나라·송나라 때의 '티베트 족'을 이르던 말과의 전투에서

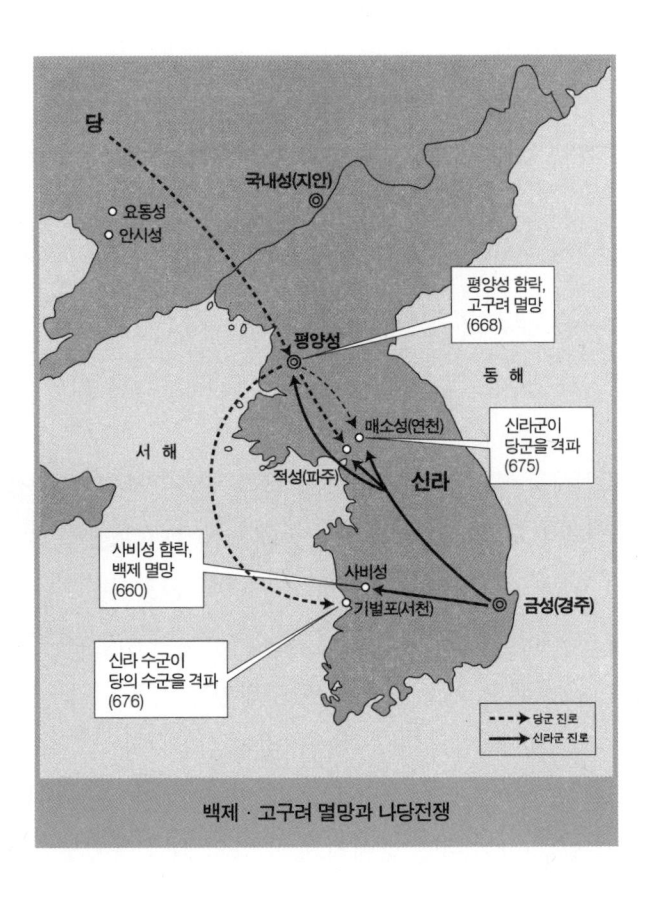

백제 · 고구려 멸망과 나당전쟁

주력군 11만 명이 전멸하는 참패를 당하는 바람에 신라와의 전쟁에
전력할 수가 없었다는 겁니다. 더구나 참패한 장군은 고구려를 멸망
시키는 데 큰 공을 세운 설인귀였다고 합니다. 이를 안 신라가 당나
라에 싸움을 걸었고, 생각보다는 쉽게 당나라를 이 땅에서 몰아낼 수
있었던 것이지요. 신라의 삼국 통일은 당시 동북아의 이런 국제 정세
를 잘 읽고 그것을 적절히 활용한 결과인 것입니다. 한 나라가 역사

의 주인공이 되려면 국제 정세를 정확하게 파악하고 그 흐름을 타는 것이 중요하다는 것은 그때나 지금이나 다를 바가 없는 것 같습니다.

100년을 준비한 통일 대업

　　신라의 삼국 통일은 고조선 멸망 이래 한반도에 계속된 800여년의 분열 상황에 종지부를 찍었다는 것을 의미합니다. 또한 지금까지 지속되고 있는 한국인과 한국문화의 원형이 만들어졌다는 의미도 있습니다. 하지만 많은 분들이 궁금해 하는 것이 있습니다. 그것은 가장 늦게 출발했고, 가장 변방에 자리 잡았던 작은 나라 신라가 어떻게 통일의 주인공이 될 수 있었는가 하는 것입니다.

　　세상 모든 일이 그렇듯 원인 없는 결과는 없었습니다. 아니 땐 굴뚝에 연기 날 리가 없다는 말이지요. 신라의 삼국 통일도 그랬습니다. 화랑도를 중심으로 멸사봉공의 정신에 기초한 국력 함양, 국제 정세를 꿰뚫은 김춘추의 탁월한 외교 감각, 김춘추와 김유신의 연대로 상징되는 신라 지도층의 통합이 바로 그 비밀이었습니다. 그리고 그 비밀의 씨앗은 100년 이상을 내다본 원대한 프로젝트로 오래 전에 뿌려졌다는 사실입니다.

　　그 첫걸음은 22대 지증왕재위 500~514 때 내디뎠다고 볼 수 있습니다. 지증왕은 '거서간 – 차차웅 – 이사금 – 마립간'으로 이어져 오던 신라 군주의 호칭을 처음으로 '왕王'이라 부른 임금입니다. '신라新羅'라는 나라 이름이 공식적으로 확정된 것도 지증왕 4년(503) 때의 일입니다. 원래 신라는 고대 국가의 전 단계인 부족 연맹체 시절, 마한·변한과 함께 삼한을 이루었던 진한의 여러 소국 중 하나인 '사로국'에서 시작한 나라입니다. 그때 우리 조상들은 만주 쑹화 강 유역의 부여, 졸본성 중심의 고구려, 강원도와 함경도에 걸쳐 있던 옥저와 동예 등 여러 개의 작은 부족국가들을 이루고 있었습니다. 남쪽의 사로국斯盧國은 사라斯羅, 신로新盧, 신라新羅 등의 여러 명칭으로 불리기도 했습니다.

신라의 초기 국호가 이렇게 다양했던 이유는 원래 발음은 하나였지만 한자를 빌려 기록하면서 그렇게 된 것으로 추측합니다. 사로국은 '계림鷄林'으로도 불렸는데 이는 박씨박혁거세, 석씨석탈해와 함께 신라 왕족 중 하나였던 김씨의 시조 김알지가 나뭇가지의 흰 닭과 금빛의 궤 속에서 태어났다는 설화에서 유래한 이름입니다.

지증왕은 서기 512년에 우산국을 정벌해 복속시키기도 했습니다. 그때 주인공이 이사부 장군이었습니다. 지금 울릉도와 독도가 우리 땅임을 말해 주는 명백하고도 확실한 역사적 기록이 바로 이것입니다. 그래서 나온 노래가 국민가요 '독도는 우리 땅'입니다.

"지증왕 13년 섬나라 우산국, 세종실록 지리지 50페이지 셋째 줄 …… 신라 장군 이사부 지하에서 웃는다, 독도는 우리 땅!"

또한 농사에 소를 이용했다는 우경牛耕도 지증왕 때 처음 시작됐습니다. 왕이나 귀족이 죽으면 그 신하나 하인들을 함께 묻었던 순장殉葬도 금지했지요. 이들 정책들은 모두 국가 경제력을 비약적으로 향

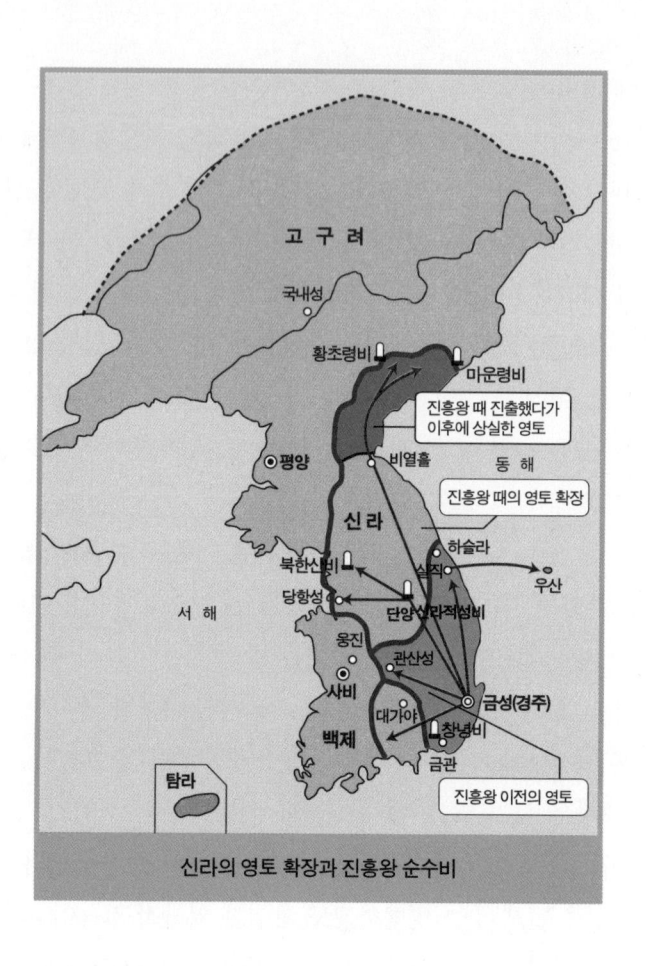

신라의 영토 확장과 진흥왕 순수비

상시키는 토대가 되었습니다.

　지증왕에 이은 법흥왕재위 514~540 역시 통일을 향한 발걸음을 더욱 재촉합니다. 법흥왕은 불교를 공인하고 율령을 반포하는 등 국가 체제를 정비하여 중앙 집권적인 전제 국가로 나라를 변모시킨 왕입니다. 이름부터가 불법佛法을 진흥振興시킨 임금이라 해서 법흥왕입니다. 법흥왕은 또 김해의 금관가야를 병합하고 낙동강 하류 지역으로 진출하는 등 국토를 넓혀 나갔습니다.

그다음 진흥왕재위 540~576은 신라 최고의 정복 군주로서 신라가 삼국을 통일하는 데 실질적인 초석을 놓은 왕이었습니다. 그는 화랑도를 정비해 군사적으로 통일의 주역이 될 인재들을 키워냈고, 지리적으로는 한강 유역을 확보함으로써 국력을 배가시켰습니다.

옛날부터 한반도는 한강 유역을 확보한 나라가 가장 강력한 나라였습니다. 백제가 그랬고, 고구려가 그랬습니다. 신라는 진흥왕 때에 이르러 처음으로 한강 유역과 중원을 확보함으로써 고대 국가의 근간인 농업 생산 기지, 즉 영토가 비약적으로 늘어나게 되었습니다. 특히 한강 유역의 확보는 중국과 직접 교류할 수 있는 외교 창구를 확보했다는 의미도 됩니다. 훗날 당나라와 직접 접촉해 삼국 통일을 위한 외교적 도움을 받을 수 있는 발판이 이때 마련된 것이지요.

삼국 통일이라는 대하드라마는 김유신과 김춘추라는 두 걸출한 인물의 출현으로 정점을 향해 달려갑니다. 진골 귀족인 김춘추는 가야계 왕족이었던 김유신과 손을 잡고 당나라와의 동맹을 성사시키면서 삼국 통일의 결정적 기반을 다졌습니다.

사실 지금의 관점으로만 보면 신라가 당나라의 힘을 빌려 백제와 고구려를 멸망시킨 것은 외세를 등에 업은 반민족적 행위라고 생각할 수도 있습니다. 하지만 꼭 알아야 할 것이 있습니다. 그때만 해도 아직 우리나라는 '민족'이라는 동일체 의식을 갖지 못하고 있었다는 사실입니다. 앞에서도 잠깐 언급했지만 우리 조상들이 '운명공동체'라는 민족의식을 갖게 된 것은 신라의 삼국 통일 이후라는 것을 기억해야 합니다. 통일 이전의 신라와 백제, 백제와 고구려, 고구려와 신라 역시 서로가 으르렁거리던 사이였습니다. 내가 이기지 않으면 상대에게 잡아먹히는 절체절명의 생존 문제가 걸린 상태였습니다. 지금 우리가 생각하는 그런 동일 민족 개념은 아직 존재하지 않았다는 말입니다. 중국이든 일본이든 혹은 북방의 이민족이든 필요하면 언제든지 손을 잡을 수 있었고, 그게 당연시 되었습니다. 국가의 존망이 갈리는 처절한 상황에서 약소국 신라가 당나라와 손을 잡은 것은 그런 전략적 선택의 결과였던 것입니다.

지금도 마찬가지입니다. 보세요. 미국과 베트남이 손을 잡았잖아요. 수십 년 틀어졌던 미국과 쿠바도 외교 관계를 정상화시켰고, 2차 세계대전의 맞수로 무수히 서로 죽고 죽였던 미국과 일본은 또 어떻습니까? 그렇게 서로 싸우고 적대시하던 나라들인데 지금은 누구보다 가까운 우방이 되어 있잖아요. 어제의 적이 오늘의 동지가 되고, 또 적의 적이 동지가 되는 것이 냉엄한 국제 질서입니다. 결과적으로 신라의 삼국 통일이 고구려의 만주 땅을 잃어버린 불완전한 통일로 귀결되긴 했지만, 당시 신라와 당나라의 동맹을 무조건 비난만해서는 안 되는 이유가 바로 여기에 있습니다.

백성들에게 찾아온 평화

　　신라의 삼국 통일은 근대 민족주의적 관점에서 본다면 분명히 아쉬운 대목이 있습니다. 그럼에도 신라의 삼국 통일이 우리 민족사에서 가지는 의미는 무시할 수 없을 정도로 큽니다. 무엇보다 신라의 삼국 통일로 말미암아 그때부터 본격적인 한민족 단일 국가가 시작되었다는 점입니다.

　　물론 요즘이야 한국 사회에 다문화 가정이 갈수록 늘어나고 국내에 들어와 우리와 함께 살아가는 외국인들도 적지 않은 만큼 지나친 민족주의나 단일민족을 강조하는 역사는 문제가 있습니다. 다양성과 개방성이 국력의 척도가 되면서 우리 사회에 아직도 만연해 있는 특정 인종이나 민족에 대한 배타적인 태도 역시 극복되어야 할 부분이고요. 하지만 우리 역사 속에서 신라의 삼국 통일이 가져다 준 민족 형성의 긍정적인 부분은 그래도 알고는 넘어가야 하겠습니다.

　　원래 '민족'이란 근대 이후 서양에서 생겨난 개념입니다. 지금은 하나의 민족이 하나의 국가를 이루는 것이 당연한 것처럼 보입니다. 그렇지만 세계 역사를 보면 지금처럼 민족에 기반을 둔 국가는 대부분 근세 이후에 생겨났습니다. 영국은 17세기에, 프랑스는 18세기 이후에 민족국가가 되었습니다. 독일과 이탈리아는 더 늦은 19세기에 들어와서야 통일 민족국가를 이루었습니다. 그 밖의 다른 지역들, 아시아와 아프리카에서는 2차 대전 이후 독립 민족국가를 이룬 나라들이 대부분입니다. 그렇게 보면 신라의 삼국 통일로 사실상 민족국가를 수립한 우리나라는 세계 역사상 가장 먼저 민족 단위의 단일 국가를 출범시킨 몇 안 되는 나라 중 하나라고 하겠습니다. 더 중요한 것은 그때 이후 1000년이 넘도록 우리는 계속 단일 민족국가를 이어왔다는 사실입니다. 혹시 아는 외국인 친구가 있다면 이런 이야기를 한 번만 들려줘 보세요. 놀라지 않을 세계인이 없을 겁니다.

서양인들은 최고最古의 민족 하면 유대 민족을 떠올립니다. 실제로 성경의 기록대로라면 우리보다 훨씬 오래되고 풍부한 고대사를 가진 민족이기도 하고요. 하지만 그들은 2000년 넘게 나라 없이 떠돌다가 20세기에 들어서야 비로소 '이스라엘'이라는 나라를 만들었습니다. 단지 지금 현대사에서 너무나 큰 활약을 하고 있기 때문에 그만큼 유명해진 것이지요. 세계인들은 민족 정체성에 관한 한 유대인을 따를 민족이 없다고 하지만 우리는 오히려 그들보다 훨씬 더 강한 민족 정체성을 가지고 있다는 것, 우리 모두가 인정하는 것 아닙니까. 좋든 싫든 우리만큼 '민족'이라는 단어에 목숨 거는 민족도 사실은 없을 겁니다. 이게 모두 신라의 삼국 통일로부터 시작된 것입니다.

신라의 삼국 통일에서 또 한 가지 중요한 것은 근 100여년에 이르는 통일 전쟁 과정에서 무수히 죽고 상처 입었던 이 땅의 백성들에게 마침내 '평화'가 찾아왔다는 사실입니다. 아무리 미화해도 좋은 전쟁은 없습니다. 어떤 명분을 갖다 대더라도 전쟁은 죄악이자 범죄일 수밖에 없습니다. 그런 점에서 신라의 삼국 통일은 이 땅에 처음으로 평화의 시대를 열었다는 데에 또 하나의 큰 의미를 찾을 수 있겠습니다.

이야기가 잠시 빗나가지만 유민과 난민 이야기를 하나 해 보겠습니다. 망국, 전쟁, 내전, 정치적 탄압, 종교적 박해 등의 이유로 어쩔 수 없이 자기가 나고 자라고 살던 곳을 떠나는 사람들은 인류 문명의 시작부터 함께 있었습니다. 역사는 그들을 '유민'이라 기록했고, 지금은 '난민'이라 부릅니다. 유민遺民이란 망국의 백성이라는 뜻입니다. 전쟁이 그치지 않았던 고대에 나라가 망하면 백성들은 죽임을 당하거나 노예가 되거나 최하층 계급으로 편입되는 게 보통이었습니다. 새로운 삶터를 찾아 떠날 수밖에 없었겠지요. 말갈족과 연합해 발해를 세운 고구려 유민, 거란에 멸망당한 후 남으로 내려와 고려 백성이 된 발해 유민이 우리 역사에서 말하는 대표적인 유민입니다.

나라가 온전해도 고향을 등지고 유랑하는 사람도 있었습니다. '조선 후기 삼정의 문란으로 탐관오리의 수탈이 극심해지고 흉년과 기근이 계속되자 간도로, 연해주로 넘어간 유민이 급증했'고 할 때의 그 유민입니다. 이때는 흐를 '류' 자, '유민流民'이라 씁니다.

그런데 일본 역사를 보면 '도래인渡來人'이라는 말이 나옵니다. 글자 그대로 물길을 건너온 사람, 즉 한반도나 중국에서 바다 건너 일본에 온 사람이라는 뜻이지요. 한반도에서 일본으로의 집단 이주는 크게 두 시기에 집중된 것으로 역사학자들은 보고 있습니다.

첫 번째는 기원전 3세기부터 AD 3세기에 이르는 시기입니다. 좀 더 구체적으로는 한나라에 의해 고조선이 멸망BC 108 당한 전후 시기입니다. 이때 많은 유민들이 바다 건너 일본까지 갔습니다. 벼농사와 청동기로 특징 지워지는 일본 야요이彌生문화의 주역은 바로 그 도래인이었습니다.

두 번째는 4~7세기 무렵입니다. 가야가 멸망하고 고구려, 신라, 백제가 치열하게 싸우던 시기였죠. 그리고 앞에서 서술한 신라 삼국 통일의 시기입니다. 그러니까 이 무렵 한반도는 먹느냐 먹히느냐 생존을 건 전쟁이 끊이지 않았습니다. 백성들의 고초는 말할 수 없었을 것이고, 당장 생명을 부지하기 위해 어디론가 떠나야 했던 유민이 쏟아질 수밖에 없었습니다. 그들 역시 많은 수가 일본으로 건너갔습니다. 특히 가야, 백제 유민의 이주는 민족 대이동을 방불케 했다고 합니다. 당시 도래인이 가져간 선진 문물과 기술은 지금 일본이 자랑하는 아스카飛鳥문화의 직접적인 배경이 되었다는 것도 잘 알려진 사실입니다.

그런데 여기서 우리가 놓치지 말아야 할 것이 있습니다. 일본으로 간 한반도 사람들이 처음부터 문화와 기술을 전하기 위해 우아하게 바다를 건너간 것이 아니라는 사실입니다. 전란을 피해, 생명의 위협을 피해 목숨 걸고 바다를 건넜습니다. 온전한 배가 있을 리 없었습니다. 먹을 것, 입을 것 또한 얼마나 엉성했을까요. 요즘 목숨 걸고 지중해를 건너고 있는 아프리카 난민, 시리아 난민 혹은 남중국해를 떠돌고 있는 동남아 난민, 아프간 난민 그리고 탈북 난민들까지 전 세계 모든 난민들의 모습이 바로 1500년 전에 거친 현해탄을 건너야 했던 도래인의 모습이었을 것입니다. 신라의 삼국 통일은 이 땅에 더 이상 이런 난민 혹은 유민의 발생을 없애버린 역사적 사건이었다는 말입니다.

신라의 삼국 통일 이후 한반도에서 비로소 공통된 언어와 풍습, 문화를 만들어 가게 된 것은 평화시대의 도래와 함께 부수적으로 찾아온 혜택이었습니다. 그동안 서로 끊임없이 치고받고 싸우던 전쟁이 종식됨으로써 이제부터 남는 힘을 국가 경쟁력을 높이는 쪽으로 돌릴 수 있게 된 것이지요. 지금 남과 북으로 분열되어 있는 분단이라는 질곡을 넘어 한반도가 반드시 통일되어야 하는 이유도 이런 역사 속에서 찾을 수가 있습니다. 분단 70년을 거치면서 얼마나 많은 이 땅의 백성들이 아파했는지 우리가 잘 알지 않습니까? 남과 북이 얼마나 헛된 돈을 허공에 날리고 있는지도 잘 알지 않습니까? 그러니 지금 바로 한반도가 통일이 된다고 생각해 보세요. 당장 남북이 첨예하게 대치하면서 서로가 군사비로 쏟아 붓는 천문학적인 에너지가 다 어디로 가겠습니까? 우리 민족은 그 힘으로 다시 한 번 웅비하는 계기가 될 수 있을 것입니다. 이 역시 신라의 삼국 통일이 우리 시대에 던져주는 중요한 교훈이 아닐 수 없습니다.

끝으로 신라의 삼국 통일에서 놓치지 말아야 할 중요한 것이 하나 더 있습니다. 신라가 삼국 통일을 위해 잠시 힘을 빌렸던 당나라 세력을 이 땅에서 몰아낼 때 백제와 고구려인들도 함께 힘을 보탰다는 사실입니다. 이는 나중에 신라 조정이 고구려와 백제 유민들을 적극 받아들였을 뿐만 아니라 지역 차별 없이 똑같이 대우하고 다스리게 되는 배경이 되었습니다. 예를 들면 전국의 명산·대천에서 백제와 고구려의 자연신에게도 국가적인 제사를 함께 지냄으로써 같은 민족으로서의 정신적, 종교적 융합을 꾀했습니다. 백제인과 고구려인이라도 능력만 있으면 통일신라의 관리와 군인으로 차별 없이 등용했지요. 이 역시 통일 이후 남북한 하나 되기 정책이 어떤 방향으로 나아가야 하는지에 대한 중요한 시사점이 될 것입니다.

삼국 통일 드라마의 주연과 조연

태종무열왕 김춘추(金春秋, 604~661, 재위 654~661) : 신라의 29대 왕으로 신라 25대 임금 진지왕의 손자이며, 아버지는 용춘龍春, 어머니는 진평왕의 딸인 천명부인입니다. 선덕여왕에 이어 진덕여왕이 왕위에 있을 때 비담의 난 등을 진압하면서 권력의 실세로 떠올랐고, 가야 왕족인 김유신과 손을 잡고 권력을 굳혔습니다. 진덕여왕 때 백제의 침입에 맞서 고구려의 연개소문을 만나 동맹을 요청했지만 실패하자 당나라에 건너가 뛰어난 외교술로 나당연합을 맺어 실질적인 삼국 통일의 계기를 마련했습니다. 654년에 마지막 성골인 진덕여왕이 죽자 뒤를 이어 진골 출신으로는 처음으로 왕위에 올랐는데, 그의 나이 51세 때입니다. 김유신, 아들 법민 등과 함께 황산벌 전투에서 계백이 이끄는 5천의 백제군을 격파하고 당나라군과 연합해 백제의 수도인 사비성을 함락시켜 삼국 통일의 첫발을 내디뎠습니다. 사후에 '무열왕'이라는 시호에 더하여 신라 왕실에서는 유일하게 '태종'이라는 묘호廟號, 황제나 왕이 죽은 뒤 종묘에 신위를 모실 때 붙이는 호를 받았습니다.

김유신(金庾信, 595~673) : 가야국 시조 김수로왕의 12대손으로 가야 왕족 출신입니다. 조부는 신라의 장군인 김무력, 아버지는 김서현, 어머니는 신라 왕족인진흥왕의 조카 만명부인입니다. 누이 문희문명왕후를 김춘추와 결혼시켜 김춘추태종무열왕와는 처남 매부 사이가 됨으로써 권력 획득의 발판을 마련했습니다. 화랑을 거쳐 신라의 장군이 되어 여러 전투에서 무공을 세웠고, 특히 진덕여왕 때 상대등 비담의 난을 진압하는 데 결정적인 공을 세웠습니다. 진덕여왕이 죽은 뒤 김춘추를 왕으로 추대하는데 큰 역할을 했으며, 백제와 고구려를 멸망시키고 삼국 통일을 이루는데 결정적인 역할을 했습니다. 경북 경주시 충효동에 그의 묘가 있습니다. 김유신의 묘는 봉분을 둘러가며 12지신상이 새겨져 있는 등 왕릉보다 더 화려한 양식으로 되어 있어 실제 주인공은 다른 신라 왕이었을 것이라는 주장이 꾸준히 제기되고 있습니다.

문무왕(文武王, 재위 661~681) : 신라의 30대 왕으로 태종무열왕^{김춘추}의 맏아들이자 김유신의 조카로서 원래 이름은 '법민'이며, 어머니는 김유신의 누이인 문명왕후^{문희}입니다. 태자 시절부터 아버지를 도와 중요한 나랏일을 도맡아 보았으며, 김유신과 함께 백제를 공략할 때 선봉에서 활약했습니다. 661년에 무열왕의 뒤를 이어 왕위에 오른 뒤에는 고구려를 공격해 멸망시켰고, 당나라가 한반도 전체를 지배하려는 야욕을 보이자 김유신과 함께 당나라군을 물리치는 등 삼국 통일의 실질적 완성자로 이름을 높였습니다. 한반도 최초의 통일 왕조 임금이 된 문무왕은 통일 왕국의 체제 정비에 나서는 한편 부석사 창건 등 문화 진흥에도 힘써 신라를 가장 신라답게 만든 왕으로 추앙받고 있습니다. 그의 시신은 유언에 따라 화장한 후 경주 앞바다 대왕암에 안장됐습니다.

계백(階伯, ?~660) : 백제 660년, 5천 결사대를 이끌고 신라와 당나라

연합군에 맞서 싸웠던 장군입니다. 논산 황산벌에서 5만여 명의 신라 군을 맞아 네 차례의 전투를 벌이며 분전했으나 끝내 전사하고 맙니다. 황산벌 전투에서 신라의 화랑 관창을 붙잡지만 어린 나이에 용맹함을 갖추고 있어 이런 장수를 죽일 수 없다며 살려서 돌려보낸 일, 전장에 나가기 전 "당과 신라의 대군을 상대해야 하니, 국가의 존망을 알 수 없다. 처자식이 포로로 잡혀 노예가 될지도 모른다. 살아서 그런 모욕을 당하느니 죽는 것이 낫다"며 직접 식구들을 죽이고 출정했다는 일화가 유명합니다. 성충, 홍수와 함께 백제의 3충신이라 불립니다.

연개소문(淵蓋蘇文, 601~665) : 고구려 말기의 실권자로서 천리장성 축조의 책임자로 임명되자 정변을 일으켜 영류왕을 죽이고 보장왕을 옹립했습니다. 이후 스스로 대막리지행정과 군사를 장악한 최고의 권력자가 되어 23년 동안 고구려를 쥐락펴락했습니다. 당나라 태종의 침입 등 모두 네 차례에 걸친 당나라의 공격을 막아내지만, 신라의 김춘추가 원병을 청하러 왔을 때 거절함으로써 결과적으로 신라와 당나라가 동맹을 맺는 빌미를 주게 됩니다. 또한 그의 강경한 대외 정책은 고구려의 국력을 소모시켰으며, 독단적인 정치 운영은 지배층의 분열과 반발을 불러 일으켜 고구려 멸망의 원인이 되었습니다. 연개소문 사후 불과 3년 만에 고구려는 멸망하고 맙니다. 연개소문에 대한 후세의 평가는 극과 극입니다. 김부식은 『삼국사기』에서 '왕을 죽인 역적이며 고구려를 망하게 한 장본인'이라고 평한 반면, 단재 신채호는 '고구려의 대정치가이자 위대한 혁명가'로, 박은식은 '국가의 존엄을 지키고 대륙을 호령했던 절세의 영웅'으로 평가했습니다.

두 번째 장면

고려의 자주성

고려는 황제국이었다
[잠깐! 이런 것도] 우리 역사 속의 칭제건원
동북아시아의 군사·문화 강국
세계 제국에 맞서다
민족의 자존심을 지키다

2

오백년 도읍지를 필마匹馬로 돌아드니
산천山川은 의구依舊하되 인걸人傑은 간 데 없다
어즈버 태평연월太平烟月이 꿈이런가 하노라

예전에 교과서에 실렸던 시조입니다. 고려高麗라고 하면 가장 먼저 떠오르는 시조가 이것입니다. 포은 정몽주, 목은 이색과 함께 고려 말 '삼은'으로 불렸던 야은 길재의 작품이지요. 쇠락한 옛 왕조의 도읍지를 찾아온 고려 유신의 안타까움에 더해 인생무상이 느껴지는 애잔한 시조입니다. 다음과 같은 시조도 있습니다.

흥망興亡이 유수流水하니 만월대滿月臺도 추초秋草로다
오백 년 왕업王業이 목적牧笛에 부쳤으니
석양에 지나는 객客이 눈물겨워 하노라

만월대는 개성 송악산 남쪽 기슭에 있는 고려의 궁궐터입니다. 고려를 건국한 태조 왕건이 태어난 집터이기도 하고요. 이 시조는 고려의 '원천석'이라는 사람이 나라가 멸망한 후 풀만 무성하게 자란 옛 궁궐터를 돌아보며 지은 시조입니다. 오늘날 고려라고 하면 가장 먼저 떠오르는 쇠락한 이미지는 어쩌면 이런 시조들 때문인지도 모르겠습니다. 거기다 외침에 시달리고, 귀족의 수탈과 횡포에 억눌리고 군부와 노비들까지 반란에 나섰던 부정적인 이미지도 고려를 멸망시키고 들어선 조선 시대에 의도적으로 강조되어 지금까지 내려왔을 수도 있지 않을까 생각합니다.

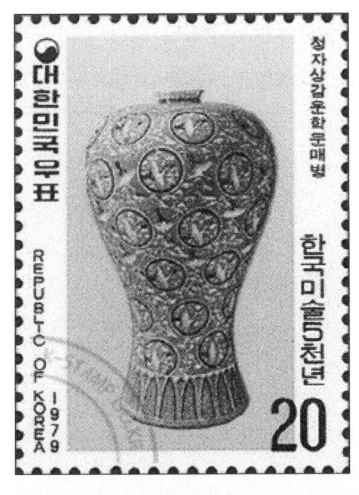

고려청자 그림을 도안으로 한 여러 우표들. 청자는 고려 문화의 우수성을 세계에 떨친 우리의 대표적인 문화유산이다.

　너무나 풍성한 기록이 남아 있는 조선에 비해 고려에 대해 남아 있는 기록은 의외로 빈약합니다. 특히 조선 시대에 편찬된『고려사』나『고려사절요』같은 사서는 고려를 딛고 일어선 조선의 입장에서 서술되었기 때문에 고려 시대의 장점을 그대로 다 기록했다고는 볼 수 없는 측면도 있습니다. 하지만 요즘 연구자들에 의해 하나씩 밝혀지고 있는 고려는 결코 그렇게 호락호락한 나라가 아니었습니다. 특히 몽골의 침입이 있기 전의 고려는 우리가 상상하는 이상으로 강력한 나라였습니다. 서양보다 200년이나 앞섰던 세계 최초의 금속활자를 이용한 인쇄술로 수준 높은 책들이 찍혀 나왔습니다. 도자기의 원조인 중국조차 고려자기의 비색翡色. 푸른빛에 감탄할 만큼 고려청자의 제조 기법은 탁월했습니다. 일본은 엄두도 내지 못했던 대장경판을 두 번이나 만들어 냈습니다. 수도 개경은 이슬람권을 포함한 외국 상인들로 늘 북적였습니다. 오늘날 우리나라의 영어 이름이 '코리아 Korea'로 붙여진 것은 바로 그런 고려의 유산입니다.

고려는 황제국이었다

고려를 돌아볼 때 무엇보다 놀라운 것은 대륙의 막강한 나라들이 숱한 침략을 해왔음에도 끝까지 자주권을 지켰다는 점입니다. 물론 거란의 침입, 몽골의 침입을 받아 어쩔 수 없이 강화를 맺기도 했지만 그럼에도 끝까지 독립을 유지한 나라가 고려였습니다.

자주 국가로서의 고려의 위상은 고려라는 국호에서부터 드러나고 있습니다. 알다시피 고려는 고구려를 계승하는 나라임을 처음부터 명확히 했습니다. 이는 신라 통일 이후 잃어버린 만주까지 옛 고구려 영토를 수복하겠다고 하는 의지를 천명한 것입니다. 고려가 비록 고구려의 만주 땅을 모두 수복하지는 못했지만 또 다른 고구려의 계승 국가였던 발해가 멸망했을 때 그 유민을 적극적으로 받아들임으로써 실질적인 민족국가를 이루었다는 점은 인정해야 합니다.

한국사 관련 책을 읽다 보면 가끔 '칭제건원론稱帝建元論'이라는 말이 나옵니다. 칭제건원이란 왕을 '황제'라 칭하고, 독자적인 연호를 사용하자는 주장을 말합니다. 연호年號란 중국의 연도 계산의 단위로 과거 한자를 쓰던 동아시아 국가들은 모두 중국 황제의 연호를 따라서 썼습니다. 따라서 독자적인 연호를 쓴다는 것은 그만큼 자주의식이 발현되었다는 것을 의미합니다.

고려는 태조 왕건 때부터 천수天授라는 독자적인 연호를 사용했습니다. 이어 4대 광종재위 949~975 때는 광덕光德, 준풍峻豊이라는 독자적인 연호를 사용합니다. 광종은 조선시대의 세종에 비길만한 고려의 대표적인 명군이었습니다. 광종은 노비안검법을 실시해 억울하게 노예가 된 양민들을 구제하였고, 중국에서 귀화한 쌍기의 건의를 받아들여 우리나라에선 처음으로 과거 제도를 실시했던 임금이지요. 훗날 성종, 문종의 치세도 모두 이때 기틀이 잡혔다고 볼 수 있습니다.

칭제건원 말고도 고려의 자존심을 보여주는 사례는 여러 곳에서 찾을 수 있습니다. 중앙 정부의 관제를 황제국에서나 사용하던 3성 6부제로 편제한 것도 그중 하나입니다. 3성은 중서성, 문하성, 상서성의 3성省을, 6부는 이, 호, 예, 병, 형, 공의 6개 부府를 말합니다. 그러나 훗날 조선시대에 들어가면 성과 부가 황제국에서나 쓰는 용어인데 어떻게 우리가 쓸 수 있겠느냐면서 이를 폐지합니다. 그 대신 6부에 해당하는 관청은 그보다 낮은 호칭인 조曹를 써서 6조로 바꿔 불렀습니다. 사극에서 흔히 등장하는 이조판서, 병조판서 할 때의 바로 그 조曹입니다. 참고로 조선시대의 판서는 지금으로 치면 장관이고, 참판은 차관쯤 되는 직책이었습니다.

이렇게 고려는 처음부터 황제국으로 자처했습니다. 왕실의 용어 역시 황제국의 용어를 썼습니다. 임금은 스스로를 짐朕이라 부르고, 명령을 내릴 때는 교서 대신 조서詔書나 칙서勅書라고 했습니다. 짐이나 조서, 칙서는 모두 황제만이 쓸 수 있는 말이었습니다. 또 고려 도읍지였던 개경은 황도皇都 또는 황성皇城이라 불렸고, 궁궐에는 원구단도 있었습니다. 원구단은 황제가 하늘에 제사를 올리는 제단을 말합니다.

그러나 이런 전통은 몽골 침략 후 강화를 맺은 뒤부터는 어쩔 수 없이 포기해야 했습니다. 고려가 원나라의 부마국, 즉 사위 나라가 되면서부터 폐하는 전하로, 태자는 세자로, 칙서나 조서는 교서敎書로 격하되고 말았습니다. 물론 임금이 자신을 칭하는 짐이라는 말도 고孤나 과인寡人으로 한 단계 내려야 했습니다.

잠깐! 이런 것도

우리 역사 속의 칭제건원

우리 역사를 돌아보면 여러 번의 칭제건원이 있었습니다. 기록상 독자적인 연호를 처음 사용한 왕은 고구려 광개토대왕이었습니다. 즉위한 391년에 '영락永樂'이라는 연호를 썼다는 기록이 있거든요. 신라는 광개토대왕보다 150년 쯤 뒤인 법흥왕 때 '건원建元'이라는 연호를 썼다는 기록이 있습니다. 하지만 이는 신라의 독자적인 연호가 아니라 중국 한나라 무제가 사용한 것이었습니다. 진흥왕 때도 잠시 독자적인 연호를 사용했지만 당나라의 제지로 중단되고 말았습니다.

칭제건원을 일상으로 했던 나라는 발해였습니다. 고구려의 계승국임을 천명하며 대조영大祚榮이 698년 처음 건국할 때의 이름은 '진震

이었습니다. 이때 '천통天統'이라는 독자적인 연호를 사용하면서 황제국을 자처하였습니다. 이후 국호를 발해로 바꾼 뒤 2대 무왕부터 대대로 독자적인 연호를 사용하였습니다. 고려의 전신이라 할 수 있는 태봉泰封을 세운 궁예도 독자적인 연호를 사용했고, 고려도 여러 차례의 칭제건원으로 황제국의 면모를 과시했습니다.

칭제건원 하면 묘청의 난을 빼놓을 수 없습니다. 고려 17대 인종재위 1122~1146 때 승려였던 묘청은 서경지금의 평양 천도를 주장하며 금나라 정벌론과 함께 칭제건원을 주장했습니다. 하지만 김부식을 위시한 개경의 문신 귀족들의 반대에 부딪쳐 결국 실패하였고, 나중에 군사를 일으켜 개경으로 진격하게 됩니다. 이때의 국호를 대위大爲, 연호를 천개天開, 군대를 천견충의군天遣忠義軍이라 불렀답니다. 물론 실패로 돌아갔지만 이 사건을 두고 1920년대 민족사학자 단재 신채호 선생은 우리 역사상 '일천년래 대사건一千年來大事件'이라고 하면서 크게 평가하기도 했습니다.

끝으로 조선 말기에도 칭제건원이 있었습니다. 19세기말 대한제국 때였는데요. 고종조선 26대 왕, 대한제국 1대 황제(재위 1863~1907) 임금이 아관파천 이후 덕수궁을 본궁으로 삼고 황제를 자칭하면서 광무光武라는 연호를 사용한 것입니다. 대한제국은 공식적으로는 1897년광무 원년 10월 12일부터 1910년 8월 29일 일제에 나라를 빼앗길 때까지 겨우 13년간 존속했던 나라였습니다. 하지만 나라에 힘이 없는데 호칭만 제국이니 황제니 한들 누가 알아주겠습니까. 국운이 기울어 쇠약해질 대로 쇠약해진 조선으로서는 나라를 지키기 위한 나름대로의 고육책이었겠지만, 이제 와서 돌아보면 안타까운 장면이 아닐 수 없습니다.

동북아시아의 군사·문화 강국

앞서 이야기한 대로 몽골 침입 이전의 고려는 우리가 상상하는 것 이상의 군사 강국이었습니다. 특히 11~12세기 초반 고려는 동북아시아의 균형을 유지하던 중심 국가였다고 해도 과언이 아닙니다. 이는 당시 동북아시아의 정세를 돌아보면 알 수 있습니다.

당시 중국 대륙은 동북쪽의 거란療, 요나라과 서북쪽의 서하西夏, 중원으로 밀려난 송宋나라가 대치하고 있었습니다. 거란의 배후에 있

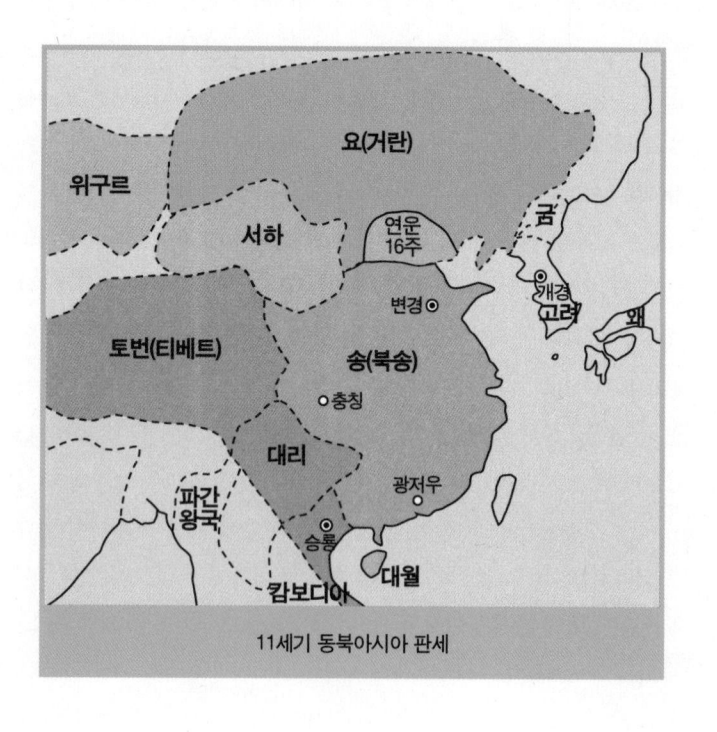

11세기 동북아시아 판세

강감찬의귀주대첩 General Kang Kam-chan's Great Victory at Kyiju

고려 현종 9년(1018) 강감찬 장군이 소배압이 이끄는 10만 거란군을 궤멸시킨 귀주대첩을 기념한 우표. 거란은 3차례에 걸쳐 고려를 침입했다. 993년 1차 침입 때는 서희의 담판 외교로 소손녕의 80만 군사를 철수시키고 강동 6주를 획득했다. 이후 목종을 죽이고 현종을 추대한 강조의 정변을 구실로 1010년 다시 침입, 개경이 함락됐다.

던 고려는 송나라와 교통하며 거란을 견제하는 역할을 했습니다. 군사적 균형을 잡아주던 균형추 역할이었지요. 군사력이 뒷받침되지 않았다면 결코 할 수 없던 역할이었습니다. 송나라를 압박하던 거란은 늘 고려가 마음에 걸렸습니다. 세 차례에 걸친 거란의 고려 침입은 이런 배경에서 일어났습니다. 하지만 고려는 굴하지 않았습니다. 평소 꾸준히 유비무환의 정신을 실천하고 있었기 때문입니다. 북방 민족의 침입에 대비해 성을 쌓고 무기를 손질하는 것이 고려군의 일상이었습니다. 강감찬 장군의 건의로 수도인 개경 외곽으로 견고한 나성을 축조한 것이나 압록강 하구에서 동해안에 이르는 고려장성일명 천리장성을 축조한 것도 그 일환이었습니다.

　　고려는 외교 강국이기도 했습니다. 요나라, 금나라, 원나라로 이

어지는 동북아 대륙 강대국의 틈바구니에서 조금도 위축되지 않고 실리를 챙기면서도 자존심을 잃지 않는 노련한 외교술을 펼쳤습니다. 고려의 외교술 하면 대표적으로 거론되는 것이 서희의 담판입니다. 서희 장군은 80만 대군을 이끌고 침공한 거란을 상대로 담판을 통해 거란을 물리치고 280리나 되는 땅강동 6주까지 확보했습니다.

고려는 인쇄술에 있어서도 세계 최고였다. 세계 최고(最古) 목판 인쇄물인 '무구정광대다라니경'과 세계 최초의 금속활자를 기념해 만든 우표.

미국과 중국은 물론 일본, 러시아 등 주변 강대국 틈바구니에서 민족 존립의 지혜를 얻어내야 하는 지금의 우리가 반드시·배워야 할 역사적 가르침이 아닐 수 없습니다.

거란에 이어 여진金, 금나라이 발흥했을 때도 고려는 강력한 군사력으로 이들을 압도했습니다. 이미 11대 문종재위 1046~1083 때 여진족을 한 차례 정벌했던 적이 있었던 고려였습니다. 그럼에도 다시 여진이 고려를 기웃거리자 16대 예종재위 1105~1122 때는 윤관이 나서서 다시 대대적으로 여진을 정벌합니다. 그리고 동북 지역에 고려 9성을 쌓았습니다. 동북 9성의 위치에 대해서는 학설이 엇갈리고 있습니다. 기존 학설은 지금의 흥남 부근인 함흥평야 일대라고 보고 있지만, 두만강 넘어 동만주 일대였다는 설도 유력하게 제기되고 있습니다.

나중에 여진은 급격히 세력이 강해지면서 거란을 멸망시키고 이름도 '금金'으로 바꾸면서 송나라까지 양쯔 강 이남으로 밀어붙입니다. 한족의 정통 왕조로부터 군신관계를 맺으며 조공까지 받는 등 위세를 떨치게 되지요. 그런 여진이었지만 고려에 대해서는 땅을 할양하라든가 송나라를 대하는 것과 같이 과도한 조공을 요구하지는 않았습니다. 괜히 그런 게 아닙니다. 금 역시 고려가 결코 만만하게 볼 수 없을 정도로 힘을 가지고 있었기 때문이었습니다.

세계 제국에 맞서다

고려사를 이야기할 때 떼려야 뗄 수 없는 나라가 몽골, 즉 원나라입니다. 또 100여 년간 고려를 지배했던 무신정권도 고려 역사를 이해하기 위해서는 반드시 짚고 넘어가야 할 부분입니다. 결론부터 이야기하자면 몽골의 침입과 그 이후 100년 가까운 몽골 간섭기는 우리 역사상 가장 안타깝고 가슴 아픈 부분이지만, 그럼에도 민족 자주성만큼은 그 어느 시기보다 강하게 발현된 시기였다는 점도 기억해야 합니다. 실제로 세계인이 고려 역사에 대해 놀라는 부분도 이 부분입니다. 세계를 제패했던 그 강한 몽골에 맞서 어떻게 그처럼 끈질기게 항쟁할 수 있었느냐는 것이지요. 또 사실상 몽골의 간섭을 받으면서도 그처럼 독자적이고 찬란한 민족문화를 일구어 낼 수 있었느냐 하는 것도 놀라운 일입니다. 이제 그 배경을 살펴보겠습니다.

　고려 중기는 무신의 시대였습니다. 군인들이 정권을 좌지우지했던 군사정권 시대라고 할 수 있겠네요. 1170년, 정중부로부터 시작된 무신정권은 이후 1270년까지 100년이나 지속되었습니다. 무신들이 이렇게 정권을 잡게 된 것은 고려 왕실이 문신을 우대하면서 무신들을 멸시하고 천대한 것에서 기인합니다. 무신정권이 절정에 달한 것은 최충헌 때였습니다. 이후 몇 대를 최씨 무신정권이 고려를 이끌어갑니다. 특히 최충헌의 아들 최우는 몽골에 맞서 수도를 강화도로 옮기면서까지 치열하게 항전한 것으로 유명합니다. 그렇다면 당시 세계 최강국이었던 몽골을 상대로 고려가 어떻게 해서 그처럼 끈질기게 맞설 수 있었을까요?

　13세기에 접어들면서 중국 대륙에는 커다란 변화가 일어납니다. 몽골 초원에서 칭기즈칸^{1162~1227}이 몽골제국을 세우고 금金나라를 공격하면서 급속히 세력을 확장했기 때문입니다. 이 무렵 금나라에 복속되었던 거란족이 고려를 침입하는데 고려의 김취려 장군은 몽골군과 연합하여 이들을 물리치게 됩니다(1219). 이를 계기로 고려는 몽골과 공식적인 외교 관계를 맺게 됩니다. 즉 형제국이 된 것이지요. 하지만 얼마 뒤 고려에 왔다가 귀국하던 몽골 사신 저고여가 피살되는 사건이 일어나는데(1225), 이로 인해 고려와 몽골의 외교 관계는 단절되고 맙니다. 이후 몽골은 수십 년에 걸쳐 7차례나 고려를 침입해 오는데 1차 침입 후 당시 고려 집권자였던 최우는 강화도로 수도를 옮기고 장기 항전을 결의합니다. 이는 수군이 약한 몽골군의 약점을 이용하자는 것이었는데 예상대로 몽골군은 고려 조정을 더 이

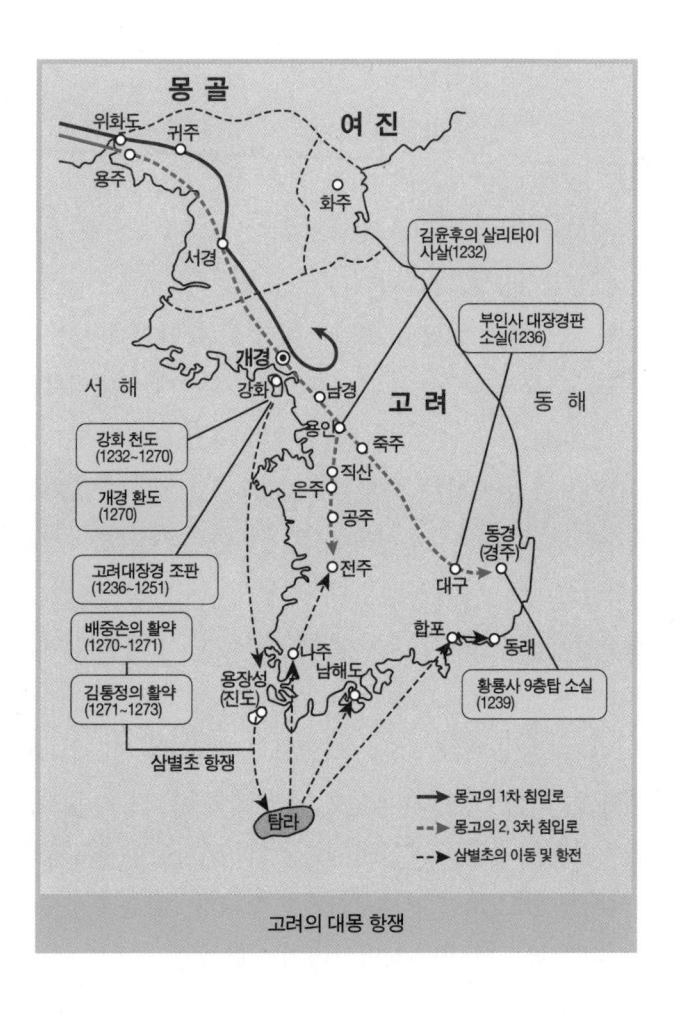

몽골

여진

위화도
귀주
용주
화주
서경
김윤후의 살리타이
사살(1232)

부인사 대장경판
소실(1236)

개경
서 해
강화
남경
고 려
동 해

강화 천도
(1232~1270)

용인
죽주
직산
은주
공주

개경 환도
(1270)

고려대장경 조판
(1236~1251)

전주
대구
동경
(경주)

배중손의 활약
(1270~1271)

합포
동래

김통정의 활약
(1271~1273)

용장성
(진도)
나주
남해도

황룡사 9층탑 소실
(1239)

삼별초 항쟁

탐라

→ 몽고의 1차 침입로
⇢ 몽고의 2, 3차 침입로
⤏ 삼별초의 이동 및 항전

고려의 대몽 항쟁

상 침탈하지 못했습니다. 하지만 그것 때문에 오히려 다른 지역은 더
큰 피해를 입었습니다. 바다를 건너지 못한 몽골군이 전국 육지를 돌
며 약탈과 방화를 일삼았기 때문입니다. 그 피해가 얼마나 컸던지 고
려의 문장가였던 이규보 1168~1241는 『동국이상국집東國李相國集』에서 다

음과 같이 기록하고 있습니다.

"저 달단達르-타타르의 완악한 무리들이 이유 없이 국경을 침범, 변경 지역을 잔패殘敗케 하고 백성들을 살육하더니 점점 경기 지역까지 침범해 들어와 사방을 유린하되 마치 범이 고기를 고르듯 하여 겁박을 당해 죽은 자가 길에 낭자합니다."

후손된 입장에서 몽골의 침입이 무엇보다 안타까운 것은 그때 중요한 우리 문화재와 유적들 중 상당 부분이 불에 타거나 훼손되었다는 사실입니다. 2차 침입 때 대구 부인사에 소장되어 있던 초조대장경이 강화도로 천도하던 해에 불타 없어졌고, 3차 침입 때는 경주의 황룡사와 황룡사 9층탑을 비롯해 전국의 사찰과 문화재들도 숱하게 소실되었습니다. 이에 강화도 조정의 최우는 민심을 달래고 부처의 힘으로 몽골군을 몰아낸다는 염원을 담아 다시 대장경 판각 사업을 시작하도록 하는데, 1236년부터 16년에 걸친 대장경 판각 사업이 그것입니다. 이것이 지금 전하는 해인사의 팔만대장경판입니다.

그럼에도 고려는 몽골의 침입에 맞서 계속 항전을 벌입니다. 2차 침입 때는 김윤후 장군이 지금의 용인 지역인 처인성에서 몽골군 대장 살리타이를 활로 쏘아 전사시키기도 합니다. 또 충주성에선 70일이나 버티며 몽골군의 공략을 막아내기도 하지요.

삼별초 이야기도 빼놓을 수 없습니다. 삼별초는 일찍이 최충헌에 의해 만들어진 최씨 무신정권의 사병 부대였는데 고려 조정이 몽골과 강화를 맺고 전쟁을 종결시키려 하자 항몽 투쟁에 나선 것입니다. 1270년 조정의 해산 명령을 거부하고 배중손의 지휘 아래 끝까지 대항하기로 한 것이지요. 삼별초는 나중에 근거지를 진도로, 제주도로 옮겨 가면서 계속 몽골군을 괴롭혔지만, 1273년 정부군에 항복함으로써 막을 내리고 말았습니다. 삼별초의 항전을 두고 일부 부정적인 평가가 있긴 합니다만 대개는 우리 민족 자주성의 표출이자 주체의식의 발로였다고 보는 것이 일반적입니다.

결론적으로 우리가 기억할 것은 최우의 강화도 항전부터 삼별초의 저항에 이르기까지 고려의 39년 대몽 항쟁 기간은 세계사적으로도 유례가 없는 끈질긴 저항이었다는 점입니다. 그리고 그 힘겨운 전란의 와중에서도 대장경을 비롯한 수많은 세계적인 유산을 남긴 나라가 고려였다는 사실입니다.

민족의 자존심을 지키다

중과부적이었습니다. 아무리 고려가 강한 나라였지만 세계 제국이 된 몽골에 결국은 손을 들 수밖에 없었습니다. 한때 동북아시아 국제 정세의 균형추 역할을 했던 강국이었지만 결국 몽골과 강화를 맺고 원나라의 간섭을 받았습니다. 그게 공민왕恭愍王, 1330~1374, 재위 1351~1374의 자주 반원운동이 일어난 1356년까지 근 100년 동안 계속되었습니다. 당장 고려 영토의 일부를 원나라에 강제로 빼앗겼습니다. 오늘날의 평안도 지역인 동녕부자비령 이북, 함경남도 부근인 쌍성총관부철령 이북, 제주도인 탐라총관부가 그것입니다. 이 중 동녕부와 탐라총관부는 충렬왕 때 반환되었고, 동녕부는 요동 지역으로 이동하였으나, 쌍성총관부는 공민왕 대에 되찾을 때까지 원나라가 강제로 점령하고 있었습니다.

또한 임금 이름부터 원나라에 충성한다는 뜻으로 충忠 자 돌림으로 이어졌습니다. 25대 충렬왕으로부터 충선왕―충숙왕―충혜왕―충목왕―충정왕까지 계속되다 31대 공민왕에 이르러서야 끝이 납니다. 세자는 왕이 되기 전에 원나라에 볼모로 가기도 하고 몽골 여인을 아내로 맞아들이기도 했습니다. '원의 부마국'이 된 것이지요. 앞서 이야기한대로 왕실의 용어도 격하되었습니다. 그게 무려 98년간입니다. 일제 35년이 지금 우리에게 미친 영향을 생각해 보면 얼마나 많은 영향을 받았을지 상상이 갑니다. 피가 섞이고, 말도 섞이고, 풍습도 섞였을 것입니다.

하지만 그럴수록 민족 자존심은 더 지켰습니다. 선비, 지식인, 백성 할 것 없이 몽골의 간섭에 소리 없이 저항했습니다. 충렬왕 때 일연은 『삼국유사』를 지어 민족의 정기를 세우고자 했습니다. 이승휴는 『제왕운기』를 지어 영광스러운 우리 역사를 돌아보며 새로운 세상을 꿈꾸었습니다. 이들은 모두 단군 신화를 우리 역사 속에 당당히 포함시킴으로써 우리 역사의 자주성과 유구성을 강조했습니다. 또한 발해를 고구려의 계승국으로 확인하면서 발해 역사를 최초로 우리 역사와 연결시켰습니다. 이 모든 것이 우리 민족이 중국과는 다른 자주적이고 독자적인 국가임을 강조하기 위한 것이었고, 동시에 몽골의 간섭에 저항하는 문화적 의지의 표출이었습니다.

그러나 어느 때든지 나라를 팔아먹는 간신 매국노는 있기 마련인가 봅니다. 그때도 예외는 아니어서 고려가 원나라의 간섭만 받을 것이 아니라 아예 원나라의 직할 영토가 되는 게 낫겠다며 원나라에 청원을 해대는 무리들이 있었습니다. 하도 그러니까 원나라에서도 솔깃해 한반도를 원나라의 한 성省으로 편입시키려는 정책이 진행되기도 했지요. 이를 막은 유명한 사람이 있습니다. 고려 후기의 문신이자 학자였던 이제현1287~1367입니다. 네 번이나 재상을 지낸 경륜의 정치가이자 외교가였으며, 대학자였던 이제현은 원나라 황제에게 상소를 올려 고려의 직할 영토 편입의 부당함을 적극 설명했습니다.

첫째로 유교적 명분을 내세웠습니다. "지금 고려를 기어이 병합하려는 것은 대국의 풍도가 아니다"라고 하면서 원나라 세조 쿠빌라이가 즉위하기 전 어려움에 처했을 때 후에 24대 원종이 된 고려 태자가 찾아온 것을 기뻐하며 고려가 국체를 보전하고 고유의 풍속을 유지하기를 허용했음을 상기시켰습니다. 둘째로는 경제적 이유를 내세웠습니다. "고려는 강산이 좁고 국토의 7할이 산림과 척박한 땅이라 직할지로 삼아 직접 세금을 거둬들인다 해도 오히려 돈이 더 들 것"이라고 했고, 또 "고려가 중국에서 먼 곳이고 백성은 고지식하며 언어도 달라 원나라의 행성이 되면 민심을 가라앉히기 어려울 것"이라며 황제를 압박했습니다.

이렇게 할 수 있었던 것은 이제현이 원나라 인맥을 최대한 활용했기 때문이었습니다. 과거 충선왕이 세자 시절 원나라에 머물며 만권당을 짓고 학문 연구에 전념할 때, 이제현은 조맹부·염복·원명선 등 원나라의 명사들과 교류하고 있었습니다. 그때 맺은 인맥을 이용해 원나라 조정의 유력자들에게 고려를 도와달라고 부탁한 것입니다. 이러한 노력에 힘입어 몽골 황제는 고려에 대한 직접 통치를 포기하고 맙니다. 고려가 비록 오랫동안 원나라의 간섭을 받긴 했지만 이제현 같은 사람의 노력에 힘입어 나라를 완전히 잃지 않고 직접 통치를 당하는 수모를 피할 수 있었던 것입니다. 이를 두고 이순신 장군이 칼로 조선을 지켰다면, 이제현은 붓으로 고려를 지켰다고 평가하는 학자도 있습니다.

끝으로 몽골 간섭기를 끝낸 31대 공민왕을 잠깐 언급하고 고려 이야기를 마치겠습니다. 공민왕은 어린 시절 원나라에서 볼모로 있었고, 원나라 황실의 노국공주와 혼인했지만 즉위 직후 신흥 세력인 명나라와 손을 잡고 기철 등 친원 세력을 척결하면서 원나라의 간섭을 배제하는데 전력을 기울입니다. 동시에 신진사대부를 중용하면서 새로운 고려를 세우기 위해 박차를 가합니다. 철령 이북의 쌍성총관부를 공격하여 원나라에 빼앗긴 땅을 회복하기도 했습니다. 한마디로 공민왕은 자주국으로서 고려의 자존심을 회복하기 위한 정책을 적극 시행했던 고려의 마지막 개혁 군주였습니다.

하지만 공민왕의 개혁은 곧 벽에 부딪치고 맙니다. 내부적으로는 기득권 권문세족의 반발이 거셌고, 대외적으로는 홍건적의 침입과 왜구의 침탈을 제압하는데 국력을 쏟아야 했기 때문입니다. 그로 인해 공민왕의 개혁은 점차 힘을 잃어 갔고, 오랜 정치적 동반자였던 노국공주까지 죽자 공민왕은 완전히 두 손을 들고 말았습니다. 이후 국정에 의욕을 잃은 공민왕 대신 신돈이 개혁 정책을 이어갔지만 그 역시 기득권층의 반발과 무리한 정책 추진으로 실각하고 맙니다.

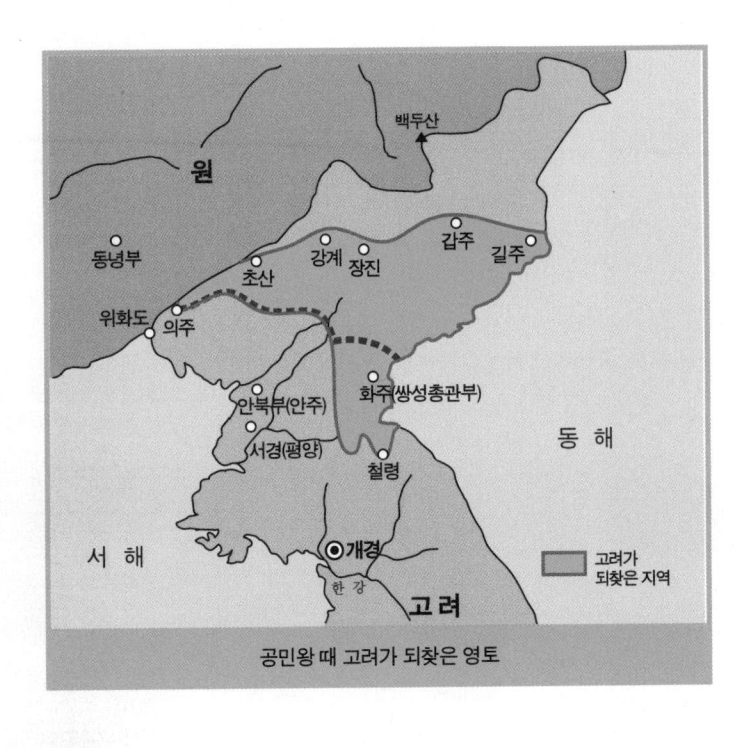

백두산

원

동녕부

갑주 길주

강계 장진

초산

위화도 의주

화주(쌍성총관부)

안북부(안주)

동 해

서경(평양)

철령

서 해

개경

한강

고려

고려가 되찾은 지역

공민왕 때 고려가 되찾은 영토

　　결국 공민왕이 꿈꾸었던 새 시대는 조선으로 넘어갈 수밖에 없었습니다. 게다가 공민왕이 개혁을 추진하는 과정에서 등용했던 신진사대부와 신흥 무장 세력이 훗날 고려를 무너뜨리고 조선을 건국하는 중심 세력이 되었다는 점은 역사의 아이러니가 아닐 수 없습니다.

세 번째 장면

3

찬란한 불교문화

우리 역사 속의 불교

현대인들에게 여행과 레저는 빼놓을 수 없는 생활의 요소가 되었습니다. 삼천리 금수강산 산 좋고 물 좋다는 곳이면 어디든 사람들로 북적이지요. 그런데 이상합니다. 한반도는 전 국토가 박물관이라는 말도 있듯, 한국은 좀 괜찮은 곳이면 어디든 절이 있고 탑이 있습니다. '천불천탑'이란 말도 있듯이 그야말로 수많은 불상과 탑이 전국의 산하를 수놓고 있습니다.

여기서 고민에 빠지는 사람들이 있습니다. 나는 불교 신자도 아닌데 전국 명승 고적을 찾을 때마다, 혹은 문화유산 답사를 하러 갈 때마다 왜 꼭 사찰을 거치지 않으면 안 될까 하는 고민이 그것입니다. 실제로 조금만 역사가 있는 절이라면 예외 없이 국보급, 보물급 문화재가 있습니다. 그것이 아니어도 지방 문화재, 불교 관련 건축, 조각, 회화, 공예 작품 등이 있지요. 그들 문화재는 단순히 물리적 형체로서만이 아니라 그 속에는 역사와 문화, 설화, 전설 등 한국인의 원형적 의식이 DNA로 각인되어 깊숙이 흐르고 있습니다. 그러니 한국의 역사와 문화를 보고 듣고 확인하려면 싫든 좋든 산으로, 절로 가야 합니다.

한반도에 공식적으로 불교가 전해진 것은 대략 1600여 년 전입니다. 삼국시대 초기죠. 고구려, 백제, 신라는 불교를 통해 새로운 통치 질서를 확립하고 고대 국가의 기틀을 닦아 나갔습니다. 고려는 아예 불교를 국교로 정했을 정도였습니다. 조선에 이르러서 숭유억불

崇儒抑佛 정책으로 불교가 쇠퇴하긴 했지만, 그래도 사람들의 의식 속에 남은 흔적과 자취는 생각 이상으로 깊고 짙었습니다. 세계인이 놀라는 한국사 한 장면에서 불교문화를 빼놓을 수 없는 이유가 여기에 있습니다.

우리 역사에서 불교를 공부해야 하는 것은 곧 우리의 문화, 우리의 역사를 알기 위한 것입니다. 그런 점에서 지금부터 할 이야기는 특정 종교에 대한 호불호와는 상관이 없어야 하고, 여러분의 개인적인 신앙과도 결부시키지 마시기 바랍니다. 순수하게 우리의 역사와 문화유산에 대한 이야기로 받아들여 달라는 말입니다. (이 점은 뒤에 서술할 '일곱 번째 장면, 천주교·기독교의 전래와 부흥'에서도 마찬가지입니다.) 그렇다면 본론에 들어가기 전에 '불교란 어떤 종교인가?'를 아주 상식적인 선에서 먼저 이야기하고 시작하겠습니다.

불교는 한마디로 석가모니의 가르침을 믿고 따르는 종교입니다. 석가모니는 지금의 네팔 지역인 카필라 왕국에서 태어났습니다. 대략 기원전 624년 무렵입니다. 불교의 핵심은 누구든지 열심히 수행 정진하면 해탈, 즉 깨달음의 경지에 이를 수 있고 부처가 될 수 있다는 것입니다. 불교佛敎라고 할 때의 '불佛'은 각성覺性한 사람, 즉 깨달음을 얻은 자를 말하는데 보통은 붓다석가모니를 가리킵니다. 석가모니 사후 불교는 인도와 스리랑카 등지로 전파되었고, 동남아시아, 서역을 거쳐 중국으로도 퍼져 나갔습니다. 남쪽으로 전해진 것은 남방불교 또는 소승불교로, 중국과 우리나라 등 북방으로 전해진 것은 북방불교 또는 대승불교로 구분하기도 합니다.

소승小乘, Hinayana이란 말 그대로 '작은 탈 것'이라는 뜻이며, 혼자

타고 가는 작은 수레라는 의미입니다. 따라서 소승불교는 개인의 구원을 목적으로 수행하는 불교라는 뜻이 됩니다. 하지만 이 말은 대중의 구원을 다른 무엇보다 중요하게 생각하는 대승大乘, Mahayana 불교에 비해서 자신들이 좀 더 우월하다는 생각으로 붙인 이름이자 구별법입니다. 따라서 소승불교라는 말보다는 남방불교라고 부르는 편이 더 정확한 표현이 되겠습니다. 우리나라 불교는 위로는 깨달음을 구하고上求菩提상구보리, 아래로는 대중을 교화한다는下化衆生하화중생 대승불교에 기반을 두고 있습니다. 역사적으로 보면 한국 불교는 중국을 통해 들어왔고, 또 일본으로 불교를 전해 주었습니다. 오늘날에 이르러 발상지인 인도에서는 불교의 교세가 미미하지만 스리랑카·미얀마·태국·캄보디아, 티베트에서 몽골에 걸친 지역, 한국을 중심으로 한 동아시아 지역에는 여전히 많은 신자가 있습니다. 불교는 기독교, 이슬람교와 함께 세계 3대 종교로 꼽힙니다.

불교 공인이 왜 중요한가

불교는 인도에서 시작됐습니다. 하지만 지금 그곳의 불교는 미미합니다. 대신 스리랑카, 태국, 미얀마 등 동남아 국가들은 여전히 불교가 왕성합니다. 중국은 어떨까요? 불교는 사실상 중국에서 경전이나 수행 방법 등 많은 부문에서 찬란한 꽃을 피웠습니다. 하지만 현대에 들어와서는 공산국가인 중국의 문화 정책에 따라 그 맥이 단절되고 말았습니다. 지금도 티베트를 중심으로 불교적 문화와 풍습이 남아 있긴 하지만, 중국의 지배 아래에 있기 때문에 본래의 모습을 이어가는 데는 한계가 있습니다. 일본도 불교가 성한 나라입니다. 하지만 일본 불교는 그들의 민족 종교인 신도와 결합됨으로써 정통 불교와는 많이 달라졌습니다. 이런 말들이 다 무엇을 뜻하는 것인지 아실 것입니다. 그렇습니다. 불교의 발생지는 인도이지만 오늘날 실제 종주국은 한국이라는 이야기입니다. 불교의 본래 모습을 가장 정확히 지키고 있고, 불교 본래의 문화와 전통을 가장 많이 생산하고 이어온 나라가 바로 한국이라는 뜻입니다.

설마 그럴 리가 있느냐고 반문하는 분도 있을 것입니다. 물론 일리가 있습니다. 사실 서양에서는 아직도 한국 불교의 진면목을 제대로 알지 못하고 있습니다. 요즘 서구에서는 불교에 대한 관심이 크게 일어나고 있다는 것은 들어보았을 것입니다. 유명 배우들도 동양사상, 특히 불교에 심취하고 있고 하버드와 예일 등 명문대학 졸업자를 비롯한 미국의 상당수 지식인들이 불교적 세계관과 철학관에 호감을 표시하고 있습니다. 심지어 21세기 새로운 시대를 이끌어 갈 정신적 대안이 불교적 사유라고 하는 사람들까지 나올 정도입니다. 티베트 독립운동의 상징이자 티베트 불교의 정신적 지도자인 달라이 라마나 베트남의 틱 낫 한 스님 등이 서양에서도 정신적 지도자로 각광받고 있는 것은 그런 배경에 기인한 것입니다. 그에 비하면 한국 불교는 아직 덜 알려져 있습니다. 티베트 불교, 중국 불교, 일본 불교는 알아도 한국 불교는 생소해 합니다.

삼국시대 불교의 전래와 수용

국 가	전래국	전래 시기	전래자	발 전
고구려	북중국의 전진	372년 소수림왕 때	순도	삼론종
백 제	남중국의 동진	384년 침류왕 때	마라난타	율종
신 라	고구려	5세기 눌지왕 때	묵호자	법흥왕 때 이차돈의 순교로 공인

하지만 걱정할 것 없습니다. 이제부터입니다. 이미 한국 불교는 세계 어느 나라도 따라올 수 없는 뛰어난 저술과 저작, 사찰 문화 등을 가지고 있습니다. 수많은 고승들의 행적과 불교 예술도 장차 우리 역사와 문화를 더욱 풍성하게 만들 자산이 될 것입니다. '해동소' 혹은 '원효소'라고도 불리는 원효의 '기신론소'는 수많은 「대승기신론」 주석서 중 단연 최고라는 평판을 받고 있습니다. 팔만대장경 또한 세계가 놀라는 한국 불교의 성과물입니다. 이런 것들이 제대로만 알려지면 그 자체로 세계가 놀랄만한 빼어난 콘텐츠가 될 것입니다. 자, 그러면 이제부터는 한국 불교의 흐름을 시대별로 살펴보면서 우리 역사에 불교가 끼친 영향과 중요성을 짚어보겠습니다.

한반도에 불교가 전래된 것은 삼국시대였습니다. 그런데 이상하지 않습니까? 고구려, 백제, 신라의 초기 역사를 이야기할 때면 왜 예외 없이 불교의 전래 과정과 공인에 대해 언급할까요? 교과서에도, 공무원 시험 수험서에도, 심지어 고시 준비를 위한 모든 수험서에도 불교의 전래와 공인은 매우 중요하게 취급되고 있습니다. 왜일까요?

불교를 받아들이기 전만 해도 한반도는 체계적인 종교를 가지고 있지 못했습니다. 요즘 말하는 소위 고등 종교가 없었다는 말이지요. 대신 여느 다른 원시 민족들과 마찬가지로 토테미즘, 샤머니즘 등 자연 숭배 신앙은 가지고 있었습니다. 그런 우리나라에 중국으로부터 전해진 불교는 완전히 다른 새로운 세계를 보여주었습니다. 불교의 경전과 의식 자체가 높은 수준의 문화를 동반했을 뿐만 아니라 새로운 이념과 사상 체계로 당시 사람들의 세계관과 가치관을 완전히 바꾸어 놓았을 만큼 획기적인 것이었습니다. 이런 불교를 받아들인 고구려, 백제, 신라 등은 모두 불교를 통해 국가의 기반을 새로 설계하고자 했습니다. 불교적 세계관을 활용해 왕권을 강화하는 동시에 중앙집권적 통치 제도를 정비해 나갔습니다. 따라서 불교전래 이전과 이후는 완전히 다른 세상이 되었습니다. 불교가 우리역사에서 왜 중요한가 하는 이유는 바로 이것 때문입니다. 이는 예수 그리스도 탄생 이전과 이후, 즉 BC와 AD로 나누어 역사를 구분하는 일반적인 시대 구분 방식과 비슷하다고 생각하면 좀 더 이해가쉬울 것입니다.

불교의 전래와 시대별 특징

신라 불교와 원효사상

한반도에서 처음으로 불교를 받아들인 나라는 고구려였습니다. 서기 372년소수림왕 2년 중국에서 '순도'와 '아도'라는 스님이 불경과 불상을 가지고 들어와 설법을 시작한 것이 시초였지요. 그 다음은 백제입니다. 서기 384년침류왕 원년에 인도의 승려 '마라난타'가 중국 동진을 경유해 입국하여 포교를 시작한 것이 처음이었습니다. 고구려와 백제는 처음부터 왕실이 적극 나서서 불교를 받아들여 절과 탑을 지었으며, 석가모니의 사상을 퍼트렸습니다. 당연히 전파 속도도 빨랐습니다.

신라는 사정이 조금 달랐습니다. 기록상으로는 이미 눌지왕 417~458 때 묵호자가 불교를 들여왔다는 기록은 있습니다. 하지만 토착 신앙에 젖은 귀족들의 완강한 반대로 일부에만 퍼졌을 뿐 제대로 뿌리를 내리지 못하고 있었습니다. 신라에서 불교를 수용하는 데 일등 공신은 '이차돈'이라는 사람이었습니다. 서기 527년법흥왕 14년에 그의 순교를 계기로 비로소 불교가 공인되었기 때문입니다. 토착 종교를 신봉하던 귀족들 앞에서 순교한 이차돈의 목에서 붉은 피 대신 하얀 피가 솟구쳤다는 이야기는 아마 들어보았을 것입니다. 이에 놀란 왕실과 귀족들이 그때부터 불교를 받아들이게 됐다는 전설이지요. 이후 신라 불교는 왕실 불교, 호국 불교로 인정을 받으며 완전히

일본 최고의 문화재로 인정받고 있는 호류지(法隆寺). 고구려 승려 담징이 '금당벽화'를 그렸다.

국가 통치 이념으로 뿌리를 내렸습니다. 특히 진흥왕은 궁궐을 지을 자리에 '황룡사'라는 절을 지었고, 자녀들의 이름도 불교식으로 짓는 등 불교 진흥에 크게 앞장섰습니다. 또 진평왕의 왕비인 마야 부인이나, 선덕여왕의 '선덕'이라는 이름도 각각 석가모니의 어머니 이름과 불교 경전에 나오는 이름을 따다 지었을 정도로 신라는 불교 색채가 짙은 나라가 됐습니다.

　삼국의 불교는 일본에도 큰 영향을 끼쳤습니다. 고구려 승려 혜자는 595년에 일본으로 건너가 일본 문화의 비조로 추앙받는 쇼토쿠 태자의 스승이 되었습니다. 610년에는 담징이 일본에 건너가 종이와 먹의 제조법을 전해주면서 일본 최고의 문화재인 호류지法隆寺 금당벽화를 그려 주기도 했습니다. 지금도 있는지 모르겠지만 전에는 국어 교과서에 소설가 정한숙의 「금당벽화」라는 단편소설이 실려 있었는데, 그 작품에 담징의 고뇌와 벽화 제작 과정이 생생히 묘사되어 있었던 기억이 납니다.

일본에 불교를 가장 적극적으로 전해 준 나라는 백제였습니다. 불교를 전해 주기 이미 오래 전부터 백제는 아직기, 왕인 등을 통해 일본에 중국의 선진 문물을 전해 주고 있었습니다. 그런 점에서 당시의 일본은 사실상 백제의 분국 같은 느낌도 듭니다. 어쨌거나 백제는 절이나 불상을 만들 줄 아는 기술자를 대거 일본으로 보냈으며, 특히 성왕 때는 많은 승려들이 직접 건너가 불교 경전을 전하고 가르쳤습니다. 현존하는 일본의 고대 유물과 전적들이 백제의 것과 흡사한 이유는 이러한 역사적 사실에서 기인한 것이기도 합니다.

한국 불교문화의 황금기는 통일신라시대였습니다. 원효, 의상 등 쟁쟁한 고승들이 잇따라 배출되었을 뿐만 아니라 국제 교류도 활발하여 중국, 일본은 물론 멀리 인도까지 왕래가 이루어졌기 때문입니다. 특히 원효는 한국뿐만 아니라 세계 불교사에서도 뚜렷한 위치를 차지하는 매우 중요한 인물이 되었습니다. 원효는 왕성한 저술 활동을 펼쳐 100여 종 240여 권의 책을 남겼지만, 아쉽게도 지금까지 전하는 것은 22권 정도입니다. 하지만 남겨진 책만으로도 원효의 관심과 이해 수준이 얼마나 크고 넓었는지를 알 수 있습니다. 대표적 저작인 『대승기신론소大乘起信論疏』와 『금강삼매경론金剛三昧經論』에서 보여준 불교에 대한 탁월한 이해와 견해는 중국의 석학들까지도 찬탄과 경이를 아끼지 않을 정도였습니다.

『대승기신론』은 『금강경』, 『원각경』, 『능엄경』과 함께 불교 교리의 근본을 일깨우는 해석서로 불교문학사의 최대 걸작으로 꼽힙니

신라 불교의 대표적 이미지인 다보탑과 금동미륵보살반가사유상을 모델로 한 한국 미술 5천년 기념우표.

다. 한자 그대로 번역하자면 '대승불교에 대한 믿음을 일으키는 논서'입니다. 저자는 1~2세기경 인도의 마명스님으로 알려져 있습니다만 확실치는 않습니다. 산스크리트어 원본은 발견되지 않은 채 한역본만 유통되고 있기 때문이지요. 어쨌든 원효는 당시 이 『대승기신론』을 대하자마자 크게 감명을 받고 기존의 설과는 다른 9종의 연구서를 내놓았는데, 그중 4권『대승기신론소』 2권, 『대승기신론별기』 2권이 전해지고 있습니다.

  참고로 불교 경전은 크게 경經과 율律, 그리고 론論으로 나뉩니다. 경은 석가모니의 말씀이고, 율은 석가모니의 제자들이 지켜야 할 규범이며, 론은 석가모니의 말씀, 즉 경에 대한 해석과 이론을 뜻합니다. 이 3개를 합쳐서 삼장三藏이라고 하는데, 장은 창고라는 의미로 부처님의 말씀이 창고처럼 크다는 데서 나온 표현입니다. 그리고 경,

율, 론과 같은 경전은 물론 고승들의 저술까지를 포함한 일체의 불교 관련 저술을 통틀어 집대성한 것을 『대장경大藏經』이라고 합니다. 또 소疏는 논에 대한 주석을 말합니다. 그러니까 『대승기신론소』는 대승기신론에 대한 주석서라는 뜻입니다.

원효와 같은 석학의 수준 높은 저작물 외에도 그 당시의 불교는 일반 백성들의 생활에까지 지대한 영향을 끼쳤습니다. 특히 건축, 공예 방면에서는 지금도 놀랄만한 찬란한 꽃을 피웠습니다. 불국사, 석굴암 외에도 경주를 비롯한 전국의 유명 사찰 중 신라 때 창건된 것들이 한둘이 아닙니다. 수도였던 경주 부근의 사천왕사, 불국사, 봉덕사, 그리고 영주 부석사, 양산 통도사, 지리산 화엄사, 동래 범어사, 속리산 법주사 등 지방의 유명 사찰도 모두 이때 세워진 천년 고찰들입니다. 그밖에 석가탑과 다보탑을 비롯한 뛰어난 예술미의 여러 탑과 부도, 범종, 불상 등이 통일신라 때 대거 만들어졌습니다. 오늘날 이 유적들은 모두 국보로, 보물로 우리의 귀중한 문화재가 되어 민족 문화를 풍성하게 하고 있습니다.

신라 불교 종파와 고승들

세계의 모든 종교가 다 그렇듯 불교도 여러 종파가 있었습니다. 중국의 교종과 선종처럼 우리나라에 전해진 불교도 지역과 경전의 해석 방법, 수행 절차 등에 따라 다양한 종파가 나타나기 시작했는데 대표적인 것이 5교 9산이었습니다.

5교는 열반종, 계율종, 법성종, 화엄종, 법상종을 말합니다. 이들 다섯 종파는 모두 경전을 중요시하는 교종敎宗에 속하는 것으로, 귀족들 사이에 신봉되었습니다. 또 중국에서 성행하던 선종이 들어와 전국 주요 사찰을 중심으로 9개의 선문이 개창되었는데 이를 '구산선문九山禪門'이라고 합니다. 구산선문의 대표 사찰은 실상산 실상사, 가지산 보림사, 희양산 봉암사, 동리산 대안사, 봉림산 봉림사, 성주산 성주사, 사굴산 굴산사, 사자산 흥령선원, 수미산 광조사 등입니다. 신라 불교는 이렇게 9개 선문이 난립해 있는 듯 했지만, 크게는 이들이 모두 선禪 사상을 공통분모로 하고 있었기에 사실상 한 종파였습니다. 통일신라가 끝나고 고려 시대가 되면 이들 9산 선문이 모두 선종으로 자연스럽게 결집해 나갔으며, 이는 훗날 선종과 교종의 통합을 거쳐 현재 한국의 최대 종파인 조계종으로 이어지게 됩니다.

원광(圓光 : 542~640) : 화랑도의 계명인 세속 5계를 가르친 사람입니다. 세속 5계란 ① 사군이충事君以忠, 충성으로써 임금을 섬긴다 ② 사친이효事親

以孝, 효로써 부모를 섬긴다 ③ 교우이신交友以信, 믿음으로써 벗을 사귄다 ④ 임
전무퇴臨戰無退, 싸움에 나가서 물러남이 없어야 한다 ⑤ 살생유택殺生有擇, 살아
있는 것은 가려서 죽인다을 말합니다. 화랑은 신라 젊은이들의 정신적, 신
체적 수련 조직체로서 사다함, 관창 등 신라 통일의 주역을 키워냈습
니다.

원효(元曉 : 617~686) : 신라 불교는 물론이요 한국 불교의 가장 위대한
승려로 평가받습니다. 독창적인 사상가이자 실천가로 삼국에 전해진
각 불교 경전의 이론을 사실상 통합했습니다. 대승불교의 진수를 요
약한 해설서 『대승기신론소大乘起信論疏』는 중국, 일본 등에까지 큰 영
향을 미쳤으며, 정토 신앙을 대중화시키는 데도 큰 역할을 했습니다.
젊은 시절 의상과 함께 당나라로 유학 가던 도중 산 속에서 노숙을 하
다 해골 속의 물을 마신 뒤 새로운 깨달음을 얻어 도중에 돌아왔다는
이야기는 유명합니다. 원효는 요석공주와 인연을 맺어 설총을 낳았는
데, 설총은 이두를 만든 사람입니다.

의상(義湘 : 625~702) : 문무왕 원년(661)에 당나라에 유학하여 공부하고
10년 만에 돌아왔으며, 이후 영주에 부석사浮石寺를 세우고 화엄교학
의 중심 도량으로 삼았습니다. 수많은 제자를 길러냈으며, 지금도 전
국의 유명 사찰을 찾아가면 의상이 지었다는 절이 부지기수일 정도로
신라 불교의 확립에 기여했습니다. 원효가 교화·연구·저술에 힘쓴
반면 의상은 후진 양성과 교단 향상에 크게 이바지하였습니다.

혜초(惠超 : 704~787) : 신라 성덕왕재위 702~737 때의 승려로 인도에 건너가 불교 유적지들을 순례하고 육로로 중앙아시아를 거쳐 귀국한 후 『왕오천축국전往五天竺國傳』을 썼습니다. 이는 기행 문학의 효시로 완전한 문헌 형태로 남아 있는 가장 오래된 여행기라는 점에서 세계적인 가치를 인정받고 있습니다. 필사본 일부가 현재 프랑스 파리국립도서관에 소장되어 있습니다.

고려 불교의 꽃 대장경

고려는 그야말로 불교 국가였습니다. 신라 불교를 계승하는 차원을 넘어 태조 왕건 때부터 아예 불교를 국교로 정해 국가 정책의 근간으로 삼았지요. 연등회, 팔관회 등의 국가적인 행사가 연중 개최되었으며 수많은 절이 새로 지어졌습니다. 하지만 너무 잘 나가면 언제나 문제가 되는 법. 더 이상 오를 데가 없고 견제 세력이 없어지면 필연적으로 부패와 타락의 길로 접어들기 마련입니다. 서양의 중세 기독교가 그랬듯이 고려의 불교도 거의 비슷한 길을 걸었습니다. 불교가 국가적인 보호를 받으며 왕실과 귀족 등 지배층의 안녕과 복을 빌어주게 되면서 스스로는 타락하고, 일반 백성들은 오히려 불교로부터 소외되는 폐단이 생겨나게 된 것입니다. 그럼에도 고려 불교가 남긴 문화유산들은 신라의 그것 못지않게 위대하고 찬란했습니다. 대표적인 것이 대장경입니다.

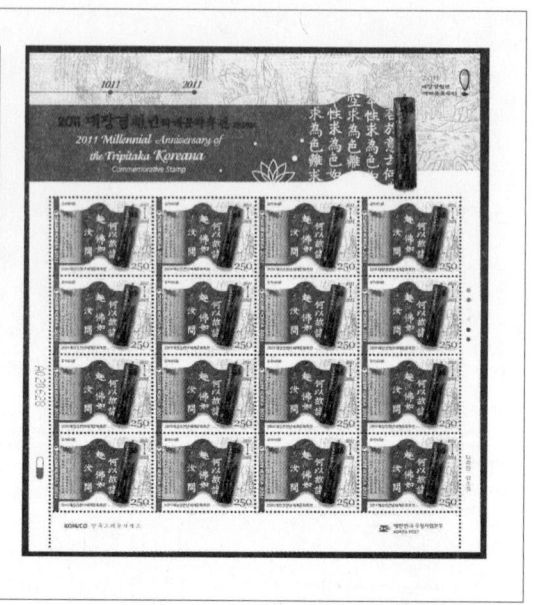

팔만대장경 기념우표. 팔만
대장경은 고려 고종 때 몽골
군의 침입을 격퇴하려는 염
원에서 목판에 불교 경전을
새긴 것으로, 현재 합천 해인
사에 보관되어 있다.

"13세기 팔만대장경 편찬은 고려 왕조의 가장 위대한 문화적 성
취였다. 1960년대 미국의 달 탐사 사업에 비견할 만한 일이다."

이는 미국의 한국 불교 권위자인 로버트 버스웰 UCLA 교수가 한
말입니다. 2011년 고려 초조初雕대장경 조성 1000년을 맞아 국제학술
대회가 한국에서 열렸는데 이때 버스웰 교수뿐만 아니라 다른 세계
적 석학들도 비슷한 평가로 고려대장경을 극찬했습니다. 이것이야
말로 우리의 불교문화가 세계인이 놀라는 한국사의 주요 장면이라
는 단적인 예가 아닐까 합니다. 그렇다면 고려대장경이 왜 그토록 위
대할까요?

현재 우리가 알고 있는 고려대장경은 합천 해인사에 보관되어 있

는 팔만대장경입니다. 그런데 그 전에 다른 대장경이 하나 더 있었습니다. 1011년고려 현종 2년부터 시작해 1031년에 완성된 대장경이 그것입니다. 이는 거란의 침입을 부처의 힘으로 물리치기 위해 제작된 것으로 당시 고려의 문화적 역량을 총집결해 만들었습니다. 해인사의 팔만대장경은 1251년에 완성된 경판으로 두 번째로 대장경판을 새긴 것이라고 해서 '재조再雕대장경'이라고 부릅니다. 그래서 처음 것은 당연히 초조대장경이 되겠지요. 그런데 놀랍게도 초조대장경이 존재한다는 사실은 1960년대 후반에서야 알려졌습니다. 1965년에 일본 교토를 방문한 우리 학자들은 해인사 경판으로 찍은 대장경과는 전혀 다른 고려대장경을 발견했는데 그것이 고려 최초의 대장경인 초조대장경 경판으로 찍은 책이었던 것이지요. 전체 6,000여 개의 두루마리 형태로 인쇄됐던 초조대장경은 일본에 2,500여 개, 한국에도 300여 개가 보존되어 있음이 나중에 밝혀졌습니다. 그렇다면 초조대장경 경판은 어떻게 됐을까요? 대구 부인사에 보관되어 있었으나 1231년 몽골 침입 때 안타깝게도 불에 타 없어지고 말았답니다.

대장경은 말 그대로 불교 경전을 집대성한 종합 백과 같은 것입니다. 여기엔 불교 경전과 논문 외에도 역사, 시문, 설화, 판화 등 다양한 내용이 실려 있습니다. 세계 곳곳에서 최신 학문과 지식을 수집해 대장경 안에 집약했던 것인데, 그런 점에서 고려대장경은 문화적, 학문적 수준에선 세계에서 가장 완벽한 대장경으로 꼽힙니다. 고려대장경보다 앞서서 중국 송나라가 983년에 완성한 대장경이 있었는데 한자로 된 세계 최초의 대장경이긴 하지만 규모나 수준은 고려대장경에 한참 못 미친다고 합니다.

고려 불화의 최고 걸작으로 손꼽히는 일본 규슈 가가미(鏡神社)신사 소장 수
월관음도. 수월관음도란 선재동자가 관음보살에게 불도를 구하는 장면을 형
상화한 불화다. 이 불화는 1310년 충선왕의 비인 숙비가 발원해 제작됐으나
14세기경 왜구가 약탈해 갔다. 사람 키의 두 배가 넘는 큰 불화(4.19×2.54m)
이다.

또한 고려 불교는 고려청자와 함께 예술적 기량이 가장 뛰어난 문화유산으로 인정받는 불화(佛畵)도 많이 남겼습니다. 요즘 들어 새롭게 조명 받고 있는 고려 불화는 세계 미술 역사상 가장 아름다운 작품의 하나로 재평가되고 있습니다. 현재 전 세계적으로 남아 있는 고려 불화는 160여 점밖에 없습니다. 이 중 한국 내에는 10여 점뿐이고, 일본의 사찰과 박물관, 개인 수집가가 전체 80%가 넘는 130여 점을 소장하고 있습니다. 이렇게 된 이유는 과거 일본의 사찰들이 수준 높은 고려 불교문화를 부러워해 고려 불화를 소장하고 싶어 한 것이 가장 큰 이유라고 합니다. 실제로 고려 말, 조선 초에 왜구들이 가장 많이 노략질해 간 것도 고려의 불교 미술품들이었고, 조선시대에도 외교적 목적과 교역품으로 적지 않은 고려 불화가 현해탄을 건너갔습니다.

고려 불교를 이끈 고승들

고려 불교는 신라의 구산선문이 선종으로 자연스럽게 이어졌으며 '5교 양종'이라는 새로운 종파로 나뉘어졌습니다. 신라 5교敎는 화엄·자은·남산·중도·시흥의 5종으로 이름이 바뀌었으며, 양종兩宗은 조계종과 천태종을 말합니다. 고려 불교의 종파는 이렇게 다양해졌지만 신라시대만큼의 빼어난 고승을 배출하지는 못했습니다. 그래도 다음 몇몇 고승들은 기억해 두는 것이 좋겠습니다.

대각국사 의천(義天, 1055~1101) : 고려 11대 문종 임금의 아들로 1085년에 중국 송나라로 건너가 천태학을 배우고 돌아온 뒤 천태종을 개창하였습니다. 또 교장도감을 설치, 속장경續藏經 4,740여 권을 간행했으며 많은 제자들을 길러냈습니다. 의천은 스스로 원효의 계승자임을 자처했지만 본인이 왕자였던 만큼 오히려 민중 불교보다는 철저한 왕실 불교, 귀족 불교의 수호자였다는 한계를 지니고 있었습니다.

보조국사 지눌(知訥, 1158~1210) : 고려 불교는 중기 이후 무신 정권의 옹호를 받으며 성장해 가면서 선종-교종 양종의 포용이 모색되고 있었는데, 그러한 노력의 한 가운데 있었던 사람이 지눌입니다. 지눌은 권력과 밀착해온 귀족 불교를 비판하며 청정 수행에 전념하는 새로운 기풍을 일으켰으며, 선종과 교종의 융합이라는 창조적 노선을 추구함으로써 고려 불교를 발전시키는 데 커다란 공헌을 했습니다. 지눌은 고려 말 중국 임제종의 선풍을 도입한 태고 보우太古 普愚, 1301~1382와 함께 고려 불교의 양대 주류를 형성했으며, 이후 조계종 성립의 토대를 이룩했습니다.

일연(一然, 1206~1289) : 그가 남긴 역사책 『삼국유사三國遺事』 하나 만으로도 우리는 그에게 엄청난 빚을 졌습니다. 『삼국유사』에는 김부식의 『삼국사기』가 기록하지 않은 우리 민족의 옛 모습이 생생하게 들어 있기 때문입니다. 특히 고대 한민족의 생활을 엿볼 수 있는 소중한 기록들은 우리 역사를 보다 풍성하게 만들었습니다. 단군신화나 다른 많은 설화, 민속 이야기, 고대 문학 작품, 기타 고대 불교 관련 설화 등이 모두 『삼국유사』로 인해 전해진 것들입니다.

보우(普愚, 1301~1382) : 고려 말기의 승려로 호는 태고太古입니다. 보우는 오늘날 대한불교 조계종의 종조宗祖로, 고려 말 불교계의 통합과 정계 혁신에 앞장섰습니다.

산으로 간 조선 불교

현대 한국 불교의 가장 큰 특징이 무엇일까요? 여러 가지를 들 수 있겠지만 가장 뚜렷한 특징 하나는 큰 절과 암자들이 대부분 산중에 있다는 것, 즉 '산중불교山中佛敎'라는 점입니다. 물론 조계사니 봉은사니 하는 서울 도심의 유명 사찰도 있습니다. 하지만 해인사, 통도사, 범어사, 송광사, 법주사, 선암사 등 이름 좀 있다 하는 유명 사찰은 모두 첩첩산중 깊은 산 속에 있습니다. 말 그대로 속세를 떠나 산 속에 숨어 있는 것이 불교라는 말입니다.

하지만 한국 불교가 처음부터 그랬던 것은 아닙니다. 황룡사, 원각사 등 신라나 고려의 유명 사찰들이 도성 가까이 있었던 것이 그 예입니다. 그럼에도 이렇게 산중 불교가 된 것은 그러니까 조선시대 이후 불교 정책의 영향 때문이었습니다. 이는 다시 말해 조선시대는 한마디로 불교의 수난기였다는 말이 되겠습니다.

조선은 유교적 이념을 표방하면서 건국 초기부터 숭유억불崇儒抑佛 정책을 내세운 나라였습니다. 그 바람에 고려 때 정점에 달했던 승려의 지위는 바닥까지 떨어졌으며, 사찰에 대한 지원도 거의 중단되었습니다. 심지어 승려들의 궁중 출입과 도성 출입 자체를 금하기까지 했습니다. 그렇다고 오랫동안 내려온 민간의 불교 신앙 자체가 없어진 것은 아니었습니다. 또한 조정의 표면적인 불교 탄압에도 불구하고 왕실과 상류 귀족층 부인들의 내면적인 불심까지 막지는 못했습니다.

역대 조선의 임금들 중에도 불교를 숭상한 왕이 적지 않았습니다. 무학대사를 왕사로 두어 가까이 했던 태조 이성계도 불교 신봉자였고, 세종·세조 때는 간경도감을 설치해 여러 가지 불경을 간행하기도 했습니다. 또 임진왜란 직전 명종 때는 문정왕후의 후원에 힘입어 일시적으로 불교가 중흥기를 맞기도 했습니다. 이 무렵 과거제도의 일환인 승과 시험이 부활된 것인데 임진왜란 때 승장으로 활약한 서산대사 휴정과 사명대사 유정도 이때 승과를 통해 전국적인 평판을 얻은 고승들이었습니다.

이후 조선 중기, 후기에는 뚜렷한 고승이나 선풍의 진작 없이 대중 민간 신앙의 모습으로 겨우 명맥만 유지하는 것 같았습니다. 하지만 내면을 들여다보면 조정의 공식적인 억불 정책에도 불구하고 나라에서는 끊임없이 불경을 언문으로 번역해 보급했으며, 화엄사와 해인사 등 주요 사찰의 중창에 자금을 지원해 주기도 했습니다. 이를 보면 조선이 표면적으로는 유학을 숭상했지만 속으로는 여전히 불교적 심성을 지켜 가는 외유내불外儒內佛의 정책을 펼치고 있었다고도 할 수 있겠습니다. 그만큼 불교는 당국이 어떻게 손 쓸 수 없을 만큼 백성들의 삶의 일부가 되었다는 말이겠지요. 이는 조선 후기로 오면서 불교 소설, 불교 민요, 승무 등이 민간에 성행했다는 것, 그래서 결과적으로 오늘날 우리의 중요한 민속문화로 계승되고 있다는 점에서도 확인이 됩니다.

근대 한국 불교의 위상

일제에게 나라의 주권을 빼앗기면서 한국 불교는 또 한 번의 시련을 맞습니다. 일제는 사찰령(1911)을 내려 한국 불교를 통제하고 일본 내 각 불교 종파의 조선 포교를 지원하면서 조선 불교의 맥을 끊으려 획책했던 거지요. 전국의 사찰을 31개 본사와 1,200개의 말사末寺

로 구분해 통제한 것이 대표적인 조선 불교 말살 정책이었습니다. 하지만 천년을 넘게 이어온 한국 불교의 수행 가풍과 신행 전통은 그렇게 쉽게 무너지지 않았습니다. 오히려 일제의 탄압 속에서도 백용성, 한용운 등 불교 승려들의 각성과 정진은 지금까지 한국 불교의 맥을 잇는 중요한 바탕이 되었습니다. 반면 일제 강점기의 한국 불교는 조선총독부의 한반도 지배에 이용되면서 결과적으로 어용화, 세속화의 길을 걷기도 했습니다.

해방 이후 한국 불교사는 더 잔혹했습니다. 불교계는 일제에 물들었던 왜색 불교 잔재를 청산하고 한국 불교의 전통을 회복하기 위해 비구승 중심의 승단 구성을 추진했지만 1954년 이래 비구·대처 간의 오랜 갈등으로 여러 개의 종단으로 갈라지는 아픔을 겪어야 했습니다. 양측은 난무하는 폭력 속에 서로 간에 씻을 수 없는 상처를 남겼고, 이때의 분열은 지금까지 현대 한국 불교의 분열과 갈등의 불씨가 되었던 거지요. 그런 와중에도 성철 같은 걸출한 선승이 나온 것은 한국 불교의 저력이 그만큼 깊다는 것을 말해 주는 것이었습니다.

한편 오늘날 한국의 불교 종단은 20여 개라고 합니다. 사찰 수는 전국에 5,700여 개가 있으며, 승려는 2만여 명, 신도 수는 1,300만여 명에 달해 한국 최대의 종교로 자리매김하고 있습니다.

생활 속의 불교 용어들

불교는 한민족의 정신세계와 생활에 두루 영향을 미쳤는데 언어도 예외가 아니었습니다. 예를 들어, 지금도 흔히 쓰는 말 중에는 불교에서 온 단어들이 많습니다. 불가사의마음으로 헤아릴 수 없는 오묘한 이치, 아수라장엉망진창으로 끔찍하게 흐트러진 현장, 아비규환지옥의 하나로 차마 눈뜨고 보지 못할 참상을 일컫는 말, 이심전심말이나 글이 필요 없이 마음에서 마음으로 통함, 야단법석야외에 자리를 마련하여 부처님의 말씀을 듣는 자리라는 뜻으로 떠들썩하고 시끄러운 모습을 말함, 이판사판 등이 그것입니다.

이판사판의 유래는 다음과 같습니다. 조선시대는 억불 정책에 따라 승려는 사회에서 가장 낮은 천민 취급을 받았습니다. 사찰도 운영도 어려울 수밖에 없었습니다. 그래서 자연스럽게 절에는 공부하는 스님과 살림 사는 스님, 즉 이판승理判僧과 사판승事判僧 두 종류의 승려가 생겨났습니다. 이판승은 산중 깊은 곳으로 들어가 수행에만 전념했고, 사판승은 수행 공부보다는 절간 살림 운영에 더 관심을 기울였습니다. 하지만 이들 모두 각자 나름대로 중요한 역사적 역할이 있었습니다. 이판승은 한국 불교의 전통과 법맥을 이었다는 점에서, 또 사판승은 사회적 천대와 관청의 잡역 부과 등 탄압을 견디면서도 절 사림을 운영하며 사원을 지켜냈다는 점이 그것입니다. 그렇지만 어느 쪽이든 절에 들어가 승려가 된다는 것은 당시로서는 인생의 막다른 기로에 섰을 때 해야 하는 마지막 선택이었습니다. 그래서 '이판사판'

이라는 말은 더 이상 물러설 곳이 없이 그 자체로 끝장을 의미하는 말로 쓰이게 된 것입니다.

조선 및 근대 불교의 고승들

보우(普雨, 1509~1565) : 조선 중기 선禪·교敎 양종을 부활시키고 과거에 승과僧科를 두게 하는 등 조선 조정의 억불 정책에 맞서 불교 부흥에 앞장섰습니다. 조계종 종조인 고려 말의 보우普愚와 구분하기 위해 '허응당 보우'라고 부르기도 합니다.

휴정(休靜, 1520~1604) : 서산대사로 더 잘 알려져 있습니다. 어린 나이에 출가하여 33세에 승과에 급제했고, 임진왜란 때 나라의 부름에 부응하여 73세의 노구로 승군 5,000여 명을 이끌고 유정과 함께 왜적을 무찔러 큰 공을 세웠습니다. 조선 불교의 선禪·교敎 일원화에 기여했으며, 유儒·불佛·도道가 궁극적으로 일치한다는 삼교통합론을 주장했습니다. 『청허집』, 『선가귀감』 등의 저술을 남겼으며, 조선시대 쇠퇴의 극에 달하던 불교를 중흥시키는 데 큰 역할을 했습니다. 김구 선생이 아침저녁으로 애송하며 삶의 지표로 삼았다는 다음 시가 유명합니다.

踏雪野中去답설야중거
不須胡亂行부수호란행
今日我行跡금일아행적
遂作後人程수작후인정

우리말로 옮기면 이렇습니다.

"눈 길 걸어갈 때 함부로 흐트러지게 걷지 마라. 오늘 남긴 내 발자국이 누군가 내 뒤를 따르는 사람의 길잡이가 될 터이니."

어떻습니까. 이런 정도의 한시 한 수 정도는 외워둘만 하지 않은가요?

유정(惟政, 1544~1610) : 보통 '사명대사'로 불리며, 조선 중기 명종 때 승과에 급제하였고, 임진왜란 때 스승인 휴정을 도와 왜군을 크게 무찔렀습니다. 전란 후에는 일본으로 건너가 강화를 맺고 조선인 포로 3,000여 명을 인솔해 귀국하였고, 『사명당대사집』 등의 저술을 남겼습니다.

경허(鏡虛, 1849~1912) : 쇠락해 있던 조선 불교를 중흥시키며 한국 불교의 선禪 맥을 다시 일으켜 세운 대선사입니다. 원효, 지눌, 휴정과 견줄 수 있을 정도로 그의 법력은 뛰어났고, 영향력도 컸다는 평가를 받습니다. 충남 서산 천장암에 기거하면서 만공, 혜월, 수월 등의 빼어난 제자를 길러내기도 했지요. 경허는 법호이며, 법명은 성우惺牛입니다. 그가 남긴 글들은 만공을 포함한 그의 제자들에 의해 『경허집』으로 출간됐으며, 그 서문은 만해 한용운이 썼습니다.

방한암(方漢岩, 1876~1951) : 경허, 만공, 수월 등과 함께 근대 한국 불교의 선풍을 진작시킨 대표적 선승입니다. 일제 말기 대한불교 조계종의 모태인 조선불교 조계종의 초대 종정을 지내며 현대 조계종단의 기초를 닦았습니다. 선종과 교학의 병행, 선과 염불의 조화 등 극단적 가치에 편중되지 않고 널리 원융무애막힘과 분별과 대립이 없으며, 일체의 거리낌이 없이 두루 통하는 상태한 선禪 사상을 펼친 인물로 통합니다. 법명은 중원重遠이며, 한암은 법호입니다. 한암에 얽힌 일화 중 가장 유명한 것은 6.25전쟁 때 오대산 상원사를 지켜낸 일입니다. 1.4후퇴로 국군이 남쪽으로 퇴각하면서 절을 불태우려 하자 스님은 법당에 머무른 채 불을 지를 것을 권합니다. 이에 감명을 받은 국군은 문짝만 떼어내 불태운 뒤 절을 떠났고, 그리하여 오대산 입구에 있는 월정사는 소실되었으나 상원사만은 아무런 피해를 입지 않았다고 합니다.

성철(性徹, 1912~1993) : 1980년대 조계종 종정을 역임했으며, 사상과 법력은 원효, 지눌에 비견되기도 합니다. '산은 산이요, 물은 물이로다'라는 법어로도 유명합니다. 10년간의 장좌불와長坐不臥, 눕지 않고 늘 참선함, 묵언 등의 수행을 통해 기존 불서의 해석은 물론 현대 물리학, 심리학, 심령학 등에서도 일가를 이루었습니다. 또한 저서 『선문정로』에서 돈오돈수頓悟頓修, 단박에 깨치고 단박에 닦는다는 뜻으로 한 번 깨치면 더 이상 수행할 것이 없는 경지를 이름를 강조함으로써 한국 불교계의 양대 수행법이었던 돈오돈수—돈오점수頓悟漸修, 깨달음에 이르기 위해서는 그 전에 점진적인 수행이 필요하다는 뜻 논쟁을 불러일으키며 불교계에 공부하는 분위기를 일신시켰습니다.

네 번째 장면

4

놀라운 과학기술

우리가 몰랐던 우리의 과학기술

1만 원짜리 지폐 속의 우리 과학

역사를 바꾼 우리 과학자 10인

우리가 몰랐던 우리의 과학기술

측우기, 해시계, 칠정산, 거북선, 고려청자, 첨성대, 석굴암, 인쇄술. 지금 나열한 것들의 공통점은 무엇일까요? 예, 그렇습니다. 당시로서는 세계 최고 수준을 뽐냈던 우리의 자랑스러운 과학 유산들입니다. 하지만 우리의 과학기술이 중국에 버금가는 세계적 수준이었다는 것을 아는 사람은 많지 않습니다. 조선 건국 직후 제작된 천문도 '천상열차분야지도'의 이름을 들어본 사람도 많지 않을 것이고, 그것이 세계적 걸작이라는 것을 아는 이는 더더욱 얼마 되지 않을 것입니다. 거기다 고려 말 최무선의 화포 발명, 조선시대 장영실의 측우기 제작, 천문학자 이순지의 역법 제작, 실학자 홍대용의 우주관 등은 지금도 놀라운 우리 역사의 과학적 성과이지만 그 내용을 조금이라도 이해하는 사람은 손에 꼽을 정도입니다.

아무리 위대한 역사를 가지고 있다 해도 알지 못하면 소용이 없습니다. 비록 하찮은 역사와 문화일지라도 그것을 소중히 여기고 자랑스럽게 기억하는 민족이 오히려 더 미래가 밝습니다. 그런 점에서 우리는 반성해야 합니다. 우리 것을 너무 모릅니다. 알아도 그다지 대수롭지 않게 생각합니다. 과학기술 분야가 특히 더 그렇습니다.

물론 이유가 있습니다. '과학기술'이라 하면 산업혁명을 이끌고, 자동차를 만들고, 로켓을 쏘아 올리고, 첨단 무기를 만드는 것들만 떠올립니다. 하지만 분명히 알아야 할 것이 있습니다. 우리의 전통 과학은 태생적으로 서구의 근대 과학과는 달랐다는 사실입니다. 이

성과 합리에 기초한 서구 근대 과학과 달리 우리의 전통 과학은 직관과 통섭의 원리에 입각해 있습니다. 당연히 사물에 접근하는 방식 자체가 달랐습니다. 서구 과학의 눈으로 바라볼 때 동양의 주역이나 음양오행은 미신에 가깝습니다. 그런 동양 철학에 근거해 자연과 인간을 바라보고 해석했던 동양의 과학, 아니 동양의 인식 체계는 서구인들에겐 당연히 비과학적이고 미신적일 수밖에 없었다는 말입니다. 지금도 한의학이나 풍수지리학 같은 것을 서양 의학이나 과학이 제대로 이해하지 못하는 것이 대표적인 예입니다.

일제 강점기를 거치면서 생긴 부작용도 한 원인입니다. 일제는 우리 민족의 자존심을 빼앗으려고 온갖 역사 왜곡을 다 했습니다. 그 결과 우리는 우리 것을 너무 무시하고 경시하고 천시하는 경향이 생겼습니다. 지금도 어떤 분야에서는 완전히 이를 떨치지 못하고 있습니다. 이제라도 잣대를 바꿔야 합니다. 전통 과학을 바라보는 시각을 교정해야 합니다. 우리 것에 대한 자신감을 가져야 합니다. 그럴때 비로소 우리 선조들의 과학적 성과에 대해 긍정적인 평가를 내릴수 있게 될 것입니다.

조지프 니덤Joseph Needham이라는 서양 학자가 있습니다. 『중국의 과학과 문명』이라는 유명한 책의 저자입니다. 이 책은 동양, 특히 중국에는 과학이 없었다고 봤던 서양 사람들의 편견과 통념을 깬 역작으로 꼽힙니다. 하지만 우리로서는 꽤 유감스러운 책이기도 합니다. 중국의 과학이 서양 이상으로 탁월했고 앞서 있었다는 설명은 고맙지만(?) 인접국인 우리나라의 과학에 대해서는 너무나 인색했고 무지했기 때문입니다. 안타깝지만 그것이 현실입니다. 그동안 우리의 국력이 약해서 그랬을 것입니다. 우리 전통 과학기술을 열심히 알리지 못한 우리의 게으름 탓도 있을 것입니다. 하지만 언제까지 그럴 수는 없습니다. 지금이라도 우리 것을 바로 알고 제대로 알려야 합니다.

얼마 전에 신문을 보니까 한국학중앙연구원이 지원하는 '한국 과학문명사' 총서 발간 사업이 진행되고 있다는 기사가 있었습니다. 50억 원의 예산으로 10년간 국문판 30권, 영문판 7권을 발간하는 사업인데 영문판은 영국의 케임브리지대학 출판부가 맡기로 했다고 합니다. 조지프 니덤의 책이 나왔던 바로 그 출판사입니다. 반가운 소식이 아닐 수 없습니다. 이 책에는 전통시대부터 산업화 시기까지 한국의 과학사를 총체적으로 담을 예정이라고 합니다. 이렇게 한 발씩 내디뎌야 합니다. 그러면서 우리의 과학문명사가 유럽이나 중국의 그것에 못지않은 업적과 가치를 가졌음을 국제적으로 알려 나가야 합니다.

세계는 지금 우리의 과학기술을 주목하고 있습니다. 삼성이나 현대자동차, 혹은 LG나 아모레 등 세계적 명성을 얻고 있는 기업들의 제품은 품질은 물론 기술 수준도 세계적입니다. 세계인들은 6.25 전쟁으로 폐허가 된 그 땅에서 어떻게 오늘과 같은 비약적인 발전을 이루었는지, 어디서 그런 저력이 솟아났는지 궁금해 합니다. 뿐만 아니라 거대한 제국 중국과 인접해 있으면서도 그 긴 역사 동안 어떻게 중국에 복속당하지 않고 독자성을 유지하며 발전을 이룩했는지 궁금해 합니다. 이 책에서 줄곧 말하고자 하는 것도 바로 이것입니다. 과학기술 분야에서도 과연 우리 역사에서 어떤 성과가 있었는지, 어떤 놀랄만한 과학자들이 있었는지 찾아보자는 것입니다.

　과학은 창조입니다. 전에는 없었던 것, 지금까지 미처 몰랐던 것을 깊이 생각하고 연구해서 새로 만들어 내거나 찾아내는 것입니다. 그것이 창의성이고 요즘 유행하는 말로 창조경제입니다. 그런 점에서 우리만큼 과학 마인드를 가진 민족도 드뭅니다. 일찍이 한반도에서 출토되는 구석기 유물들을 보면 중국을 포함한 동북아에서 출토된 일이 없는 것들이 많습니다. 청동기 중에도 비파형 청동검과 잔줄무늬 청동거울은 오직 한국에만 존재하는 유일한 청동기입니다. 그만큼 우리 조상들이 남달랐다는 말입니다. 고구려, 백제, 신라의 찬란했던 문화도 마찬가지입니다. 우리의 전통 건물, 온돌방, 불탑, 범종이나 예술 장신구 심지어 백성들의 작은 농기구 하나도 어느 하나 과학적이지 않은 것이 없었습니다. 이제부터 우리 민족이 자랑할 만한 과학기술은 어떤 것이었는지 한 번 살펴보겠습니다.

1만 원짜리 지폐 속의 우리 과학

　일반인들에게 유통되고 있는 최고액권 미국 달러화는 100달러 지폐입니다. 미국 정신의 아버지라 불리는 밴저민 프랭클린이 모델입니다. 정치가요 외교관이요 문필가요 피뢰침을 발명한 과학자이기도 했습니다. 우리나라 최고액권은 5만 원짜리 지폐입니다. 이율

곡의 어머니인 신사임당이 모델이지요. 그래도 가장 널리 유통되는 지폐는 여전히 1만 원권입니다. 세종대왕이 그려져 있습니다. 그런데 세종대왕 말고 1만 원권 지폐에 어떤 그림이 또 있는지 아십니까? 그 그림들이 우리 민족의 대표적인 과학 유산들이라는 것은 또 아시는지요? 우리의 자랑스러운 과학기술을 알기 위해 먼저 1만 원짜리 지폐 그림 구경부터 한 번 해보겠습니다.

먼저 모델로 등장하는 세종대왕입니다. 세종대왕은 한글 창제로도 유명하지만 조선의 대표적인 과학자이자 천문학자였습니다. 세계 최초의 측우기와 해시계인 앙부일구, 자동 물시계인 자격루 등 우리의 과학사를 말할 때 반드시 언급되는 것들이 모두 세종대왕 시대에 만들어졌습니다. 물론 이것들을 만든 사람들은 따로 있었습니다. 하지만 세종대왕의 관심과 격려가 아니었다면 결코 나올 수 없었다는 사실이 중요합니다. 세종대왕 뒤로는 해와 달, 두 쌍의 소나무, 그리고 다섯 봉우리가 그려져 있습니다. 이것을 '일월오봉도'라고 합니다. 일월오봉도는 임금님이 앉는 용상 뒷면을 장식하는 그림입니

다. 절대적 왕권을 상징하지요. 그림 속의 다섯 봉우리는 수성, 금성, 화성, 목성, 토성을 의미하는데 이들은 동양에서 해와 달과 함께 천문학, 즉 달력을 계산하는 주된 기준이었습니다. 옛날 동양에서 과학은 곧 천문학과 결부되어 있었다는 것을 감안하면 이 일월오봉도는 그 자체로 동양적 우주관과 세계관의 구체적인 상징이라고 할 수 있습니다.

일월오봉도 위에는 「용비어천가」의 한 부분이 보입니다. 한국은행 만 원이라는 글자 오른쪽에 '불휘기픈 남간'이라는 세로로 된 글자가 그것인데, '뿌리 깊은 나무는 바람에 흔들리지 않으므로 잘 자라서 열매가 풍성하게 맺는다'는 「용비어천가」제 2장의 첫 구절입니다. 「용비어천가」는 조선 왕조 탄생의 정당성을 옹호하면서 길이 발전하기를 바라는 염원을 담은 작품인데, 이게 말하자면 한글로 된 최초의 작품이라는 말입니다. 새로운 왕조에 대한 억조창생의 염원을 기존 한자가 아닌 새로 만들어진 한글로 썼다는 것 자체가 중요하다는 것이지요. 다음에 나올 '다섯 번째 장면'에서 좀 더 자세히 살펴보

14세기 조선의 밤하늘을 그대로 담은 천상열차분야지도 탁본

겠지만 한글이야말로 세계가 인정하는 가장 과학적이고, 가장 창조적인 문자였으니까요.

다음은 1만 원권 뒷면입니다. 먼저 여러 별자리 그림이 보일 겁니다. 그림에서 북두칠성이 어디에 있는지 찾아보세요. 오른쪽 위 톱니바퀴가 있는 곳에 국자 모양의 일곱 개 별이 바로 북두칠성입니다. 그림 가운데 꼭대기에는 오각형 모양의 오차五車도 있습니다. 다섯 개의 전차를 뜻하지요. 북두칠성이니 오차니 하는 것은 모두 우리식 별자리 이름입니다. 북두칠성은 서양의 큰곰자리 꼬리 부분에 해당하고, 오차는 마차부 자리에 해당합니다. 이렇게 우리 하늘의 모든 별자리를 그려 놓은 천문도가 '천상열차분야지도'天象列次分野地圖 국보 228호입니다.

천상열차분야지도는 태조 이성계가 즉위한 뒤인 1395년, 조선의 개국이 하늘의 뜻이었음을 알리기 위해 돌 판에 새긴 것입니다. 당대 최고의 천문학자들이 동원되었지요. 육안으로 관찰할 수 있는 1,467개의 별과 은하수를 그린 천문 지도를 먼저 제작한 후 이를 직육면체의 큰 돌에 새겼습니다. 천상열차분야지도는 완성된 이후 조선의 모든 천문 역법의 기준이 됐습니다. 이는 또한 남극 주위의 별들을 제외한 온 하늘의 별자리를 돌에 새긴 천문 그림으로는 중국의 '순우천문도'(1247)에 이어 세계에서 두 번째로 오래된 천문도라는 점도 중요합니다. 지금은 국립고궁박물관에 소장되어 있습니다.

다음은 뒷면 왼쪽 둥근 모양의 큰 그림은 국보 230호인 혼천시계입니다. 세종 때 만들어진 것으로, 천체의 운행과 위치를 측정하는데 사용된 혼천의를 후대에 개량한 것이지요. 고려대학교 박물관에 소

1995년 경북 영천시 보현산에 세워진 천문대 준공을 기념하기 위해 발행된 우표. 광학 망원경과 첨성대가 그려져 있다.

장되어 있습니다. 혼천시계 오른쪽 아래에 있는 그림은 보현산 천문대 광학망원경입니다. 이 망원경은 과거의 유물이 아니라 비교적 최근인 1995년 경북 영천시 화북면 정강리 보현산에 세워진 천체 망원경입니다. 직경 1.8미터로 연구용 망원경으로는 국내 최대 크기이지요. 세계적인 망원경에 비하면 규모가 그리 큰 편은 아니지만 그동안 여러 소행성을 발견하는 등 국내 천문학 발달에 단단히 자기 몫을 하고 있는 망원경입니다.

그런데 우리의 과학기술을 대표하는 그림들 속에 왜 뜬금없이 요즘 망원경이 들어가 있을까요? 생각해 보니 이유가 있었습니다. 바로 보현산 망원경으로 발견한 별들에 우리 역사 속의 대표적인 과학자들 이름이 차례로 붙여졌기 때문입니다. 좀 더 설명하자면 이렇습니다.

모든 사물에는 이름이 있듯이 태양계 행성에도 다 이름이 있습니다. 수성, 금성, 지구, 화성, 목성, 토성, 천왕성, 해왕성. 그리고 최근 태양계 행성의 지위를 박탈당한 명왕성 등. 이런 큰 행성 외에도 요즘은 새로 작은 행성들이 발견되면 국제천문연맹이 공식적으로 이름을 붙여줍니다. 그 이름은 처음 발견한 사람이 제안하게 되어 있고요.

　현재 우리나라와 관련된 이름이 붙은 소행성은 관륵, 세종 등 20
여 개가 있습니다. '관륵'은 1993년 일본 도쿄대 교수가 발견한 소행
성인데, 일본에 천문학을 전수해 준 백제인 관륵의 이름을 따서 붙인
것입니다. '세종'이라는 소행성도 1996년 일본인 아마추어 천문가가
발견한 별입니다. 이 역시 평소 세종대왕을 흠모해 온 일본인 교수가
제안해 붙여진 이름입니다.

　2000년대 이후에 우리나라 천문학자들이 잇따라 5개의 소행성
을 발견했습니다. 1만 원권 지폐에 그려져 있는 바로 그 망원경으로
발견한 것이지요. 그러고는 우리 역사 속의 위대한 과학자 5명의 이
름을 붙여 줍니다. 처음으로 화약을 무기로 활용한 고려 말의 장군
최무선, 조선 초기의 과학자 이천, 민족 역사상 가장 뛰어난 발명가
로 꼽히는 장영실, 조선 시대의 천문학자 이순지와 『동의보감』으로
유명한 허준이 바로 그들입니다.

　이렇게 다섯 명의 이름을 붙여주고 나서 또 다른 행성들을 발견
하면서 다시 한국 과학자들 이름을 붙입니다. 조선 후기의 과학 사상
가로서 지동설을 주장한 홍대용, 대동여지도를 만든 지리학자 김정
호입니다. 고려 말 조선 초의 천문학자인 유방택, 우리나라 최초의
이학박사인 이원철 별도 그래서 생겼습니다. 유방택은 앞에서 말한
'천상열차분야지도'를 제작하는데 결정적인 역할을 담당했고, 이원
철 박사는 국내 천문학의 개척자였습니다.

역사를 바꾼 우리 과학자 10인

　과학사는 곧 과학자의 역사입니다. 역사 속의 과학기술을 안다는 것은 과학자의 일생을 아는 것입니다. 뉴튼은 알아도, 다윈, 퀴리 부인, 에디슨은 알아도 우리 역사 속의 과학자를 몇 명이라도 꼽을 수 있는 사람은 별로 많지 않습니다. 정말 그런 과학자가 있기나 했나 하는 사람들까지 있습니다. 하지만 그렇지 않습니다. 앞에서도 언급했듯이 관점을 바꾸면 새로운 눈이 열립니다. 서양처럼 세분화되지 않고 통합적인 사고를 추구했던 동양 학문의 특성을 감안하여 살핀다면 우리 역사에도 수많은 과학자들이 있었습니다. 그들이 이루어낸 과학적 성과도 결코 허술하지 않았습니다. 이제부터 우리 민족사에 가장 큰 영향을 끼쳤던 대표적인 과학자 10명을 소개하겠습니다.

최무선(崔茂宣, 1325~1395)

　고려 말의 과학자로서 중국으로부터 수입하던 화약을 처음으로 자체 개발한 것으로 유명합니다. 또한 그는 1377년에 화통도감을 설치해 수많은 병기를 개발하여 곳곳에 창궐하던 왜구를 직접 격퇴한 장수이기도 했습니다. 1380년 금강 하구인 진포에서 왜구 2만여 명과 왜선 500여 척을 격파했던 진포해전은 세계 해전 역사상 처음으로 선박에 화포를 설치하여 정박 중인 적선을 완파했다는 점에서 세계 해전사를 바꾼 것으로 높이 평가되고 있습니다. 참고로 유럽에서 처음으로 화포를 사용하여 해전을 벌인 것은 이보다 무려 200년이나 늦은 1571년, 베네치아·제노바·에스파냐 연합 함대가 투르크 함대를 격파한 레판토 해전이라고 합니다.

최무선의 고향인 경북 영천시 금호읍 원기리에 '최무선 과학관'이 있고, 화약 발전사와 제조 과정 등 최무선 장군의 일대기와 그의 과학 정신을 엿볼 수 있는 다양한 유물이 전시되어 있습니다.

이천(李蕆, 1376~1451)

조선 세종 때의 과학자로 금속 활자를 개량해 인쇄술의 비약적인 발전을 이끌었습니다. 특히 장영실 등과 함께 만든 개량 활자인 갑인자는 글자체가 바르고 필체도 깨끗해 갑인자로 찍어낸 『대학연의』와 같은 책은 15세기 이전 세계에서 제작된 인쇄물 중 가장 아름다운 서적으로 평가받습니다. 또한 세종 재위 시기의 과학 조선을 이끌며 대간의, 소간의, 혼의, 앙부일구, 자격루 등을 만드는데도 최고 책임자로 활약했고, 군선과 화포 제조 등 군사 부문에서도 많은 기술 개발과 발명으로 왜구와 여진족 격퇴에 큰 공을 세웠습니다. 당시 어지럽게 혼용되던 저울을 정확히 개조해 도량형을 표준화하여 경제 생활 안정에 기여했을 뿐만 아니라, 각종 악기는 물론 사륜차까지 만드는 등 다루지 못하는 것이 없어 유럽 르네상스 시대의 만능 천재였

던 레오나르도 다빈치에 비겨 한국의 레오나르도 다빈치였다는 평
가를 받습니다.

장영실(蔣英實, 생몰 연대 미상)

조선시대 최고의 과학자로 불립니다. 1441년에 세계 최초의 우량
계인 측우기와 수표水標를 발명해 하천의 범람을 미리 알 수 있도록 했
으며, 자동으로 시간을 알려 주는 물시계 자격루自擊漏를 처음으로 만
들었습니다. 또 시간 측정기인 오목 해시계 앙부일구仰釜日晷, 천체 위
치 측정 기구인 간의簡儀, 혼천의를 간략하게 만든 것와 혼천의渾天儀, 천문시계 등

측우기

천문 기구 제작에도 주도적인
역할을 했습니다. 동래현의 소
년 관노라는 천민 출신이었지
만, 당대의 엄격한 신분 사회의
벽을 뛰어넘어 자신의 뜻을 이
룬 입지전적인 인물로 꼽힙니
다. 발명의 날인 5월 19일은 장
영실이 발명한 측우기가 규격
화, 체계화되어 전국적으로 보
급되기 시작한 것을 기념해 제
정됐습니다.
　　장영실은 세종의 총애를 받

아 정3품 벼슬까지 올랐으나 뜻하지 않은 사고로 역사의 무대에서 홀연히 사라지고 말았습니다. 세종대왕이 장영실이 만든 어가御駕를 타고 종묘 행차에 나섰다가 임금을 태운 가마가 부서지는 사고가 일어난 것입니다. 이로 인해 장영실은 곧장 100대를 선고받고 파직되었는데, 평소 장영실을 아꼈던 세종은 100대의 형벌을 80대로 감해 주었을 뿐 더 이상 구해 주지 않았다고 합니다.

이순지(李純之, 1406~1465)

조선 초기의 천문학자입니다. 조선의 독자적인 역법을 완성시켜 이천, 장영실과 함께 세종 시기의 과학 부흥을 이끈 3인방 중 한 사람으로 꼽힙니다. 천문학뿐만 아니라 풍수, 지리, 산법數學 등에서도 뛰어난 활약을 했습니다. 『칠정산』, 『제가역상집』, 『천문유초』 등 다양한 천문학 관련 서적을 만드는 데 크게 기여했고, 이 중 해와 달, 그리고 행성의 운동을 계산하는 기술을 정리해 놓은 『칠정산』의 완성은 가장 큰 업적으로 꼽힙니다. 이순지 등이 편찬한 『칠정산 외편』은 당시 세계 최고의 역법서였던 아라비아의 천문 계산법을 우리 실정에 맞게 고쳐 놓은 것으로 조선시대 천문 역법의 완전한 정비라는 의미가 있습니다. 즉 우리나라 역사상 처음으로 한양을 표준으로 한 역법 체계를 갖추게 되었고, 천체 운동의 계산을 정확히 할 수 있는 길이 열린 것입니다.

허준(許浚, 1539~1615)

조선시대 선조와 광해군의 어의를 지낸 조선 최고의 명의로 유명합니다. 각종 드라마의 단골 주인공으로 등장하고 있기도 하지요. 1592년부터 7년 동안 이어진 임진왜란으로 역병이 번지며 백성들이 고통 속에서 신음하는 것을 보고 1610년에 조선 최고의 의학서로 꼽히는『동의보감』을 완성했습니다. 총 25권 25책으로 된『동의보감』은 당시 국내 의서인『의방유취』,『향약집성방』은 물론 중국의 의서 86종을 참고하여 편찬한 그때까지의 동양 의학의 집대성이었습니다. 내용은 내경內景 · 외형外形 · 잡병雜病 · 탕액湯液 · 침구鍼灸 등인데, 이는 이후 중국, 일본, 대만 등지에서 번역되어 동아시아

2013년 미국에서 발행된 허준 동의보감 우표. 뉴저지의 한 개인이 미국연방우정국에 신청하여 발행 승인을 받았다고 한다.

의학 발달에 지대한 공헌을 했습니다. 2009년 유네스코 세계기록유산에 등재되었으며, 1613년 초간본『동의보감』은 그 국제적 위상을 감안해 국내에서도 뒤늦게 2015년 6월 보물에서 국보 319호로 승격 지정됐습니다.

홍대용(洪大容, 1731~1783)

　　조선 후기 북학파의 선구자로 알려져 있지만 실상은 음악가이자 천문학자였습니다. 실학자 외에도 수학자, 철학자, 사회 개혁 사상가라고도 할 만큼 다재다능했습니다. 박지원, 박제가, 이덕무 등 당대 최고의 실학자들과 사귀며 중국이 천하의 중심이라는 중화사상을 배척하며 조선의 정치·경제 개혁을 연구했습니다. 1766년에 삼촌을 따라 청나라 수도에 가서 중국인 학자들과 밤샘 토론을 하면서 천문, 지리, 역사 등에 관한 지식을 쌓는 한편으로 서양 문물을 배우고 돌아왔습니다. 귀국 후 천주교와 천문학의 이론을 기록한 『유포문답』과 과학사상을 담은 『의산문답』이라는 책을 지었고요. 개인 천문대를 만들어 수시로 천체 관측을 했으며, 『주해수용籌解需用』이라는 수학책도 집필했습니다. 이 책에는 구구단을 기술해 놓았을 뿐만 아니라 원주율을 구하는 방식까지 밝혀 놓았고, 측량법까지 다루고 있습니다. 지동설이 조선에 유입되기 전에 먼저 독자적으로 지전설地轉說을 주장하기도 했지요.

김정호(金正浩, 1804~1866 추정)

　　조선시대의 지리학자이자 지도 제작자로서 호는 고산자古山子이고, '청구도', '동여도', '대동여지도'가 대표적인 저작입니다. 특히 이 세 지도는 한반도 전체를 그린 전도숲圖로서 뿐만 아니라 정밀한

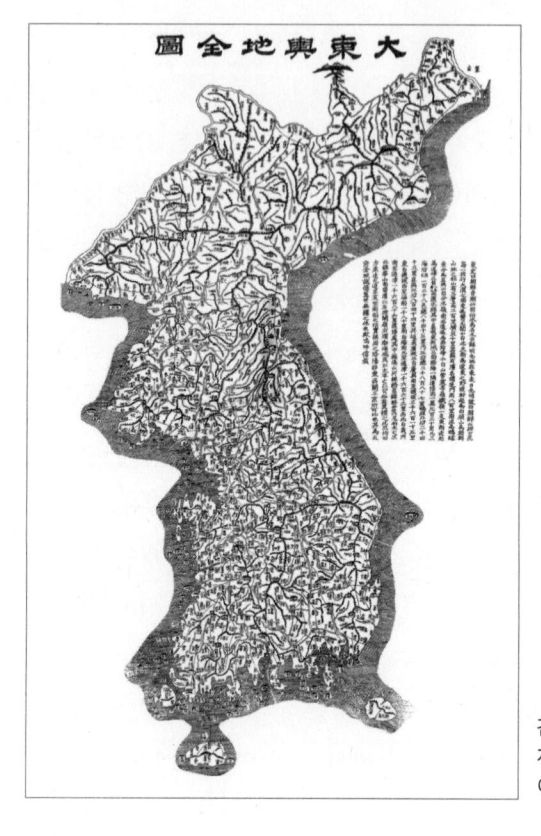

김정호의 대동여지도. 오늘날의 지도와 비교해도 정확도에 손색이 없다.

과학적 실측 지도로서도 의미가 큽니다. 특히 30여 년 동안 전국을 직접 답사하며 만들었다는 대동여지도는 조선 전역을 22개의 첩으로 분리해 제작했는데 전부 펼쳐놓으면 가로 3.8미터, 세로 6.7미터나 되는 초대형 한반도 지도입니다. 놀라운 것은 오늘날의 지도와 비교해도 거의 손색이 없을 만큼 정확하고 세밀하다는 것입니다. 그밖에도 각 지역의 역사, 경제, 사회, 문화적 내용을 함께 기술한 '동여도지', '동지지' 등의 인문지리지도 여러 권 남겼습니다. 특히 32권의

'대동지지'는 우리나라의 역사적 사실들을 풍부하게 기술함으로써 조선의 지리학 발전에 크게 공헌했다는 평가를 받습니다.

유방택(柳方澤, 1320 ~ 1402)

고려 말 조선 초의 대표적 천문학자입니다. 태조 이성계가 조선 왕조 건국의 정당성을 알리기 위해 새로운 천문도인 '천상열차분야지도'를 만들도록 했는데, 유방택은 천문 계산을 담당하는 핵심 역할을 수행했습니다. 나중에 태조 이성계가 개국 일등공신 녹봉과 함께 높은 벼슬을 내렸지만 받아들이지 않고 고려 신하로서 두 임금을 섬기지 않는다는 불사이군不事二君의 절의를 지켰다고 합니다.

2006년부터 그의 고향인 충남 서산시에서 '유방택 별 축제'가 열리고 있으며, 그의 이름을 딴 천문기상과학관도 건립되었습니다. 그가 주도적으로 만든 천상열차분야지도 각석은 1985년 8월 9일에 국보 228호로 지정되었으며, 1만 원권 지폐에 배경 그림으로 들어가 있기도 합니다.

정약전(丁若銓, 1758~1816)

조선 후기의 선비이자 해양 생물학자로서 실학자 다산 정약용의 형이기도 합니다. 독실한 천주교 신자였고요. 1801년 신유박해 때

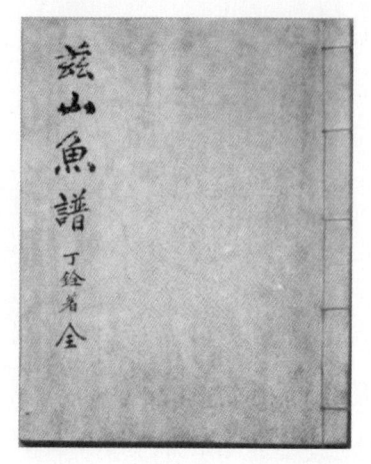
정약전의 『자산어보』 표지. 1814년에 완성됐다.

흑산도에 유배되어 그곳에서 자연 생물 연구에 몰두해 인근에 서식하는 어류를 상세히 기록한 『자산어보兹山魚譜』 '현산어보'로 읽기도 함를 남겼습니다. 『자산어보』는 한반도 남서 해안 흑산도 근해의 수산물을 체계적으로 분류해 명칭과 분포, 습성, 활용법 등을 자세하게 기록한 한국 최초의 수산학 전문 서적입니다. 특히 '창대장덕순'라는 흑산도 소년의 도움을 받아 물고기마다 세밀하게 관찰한 결과를 그림과 함께 기록하였는데, 비늘을 가진 어류 71종과 비늘이 없는 43종, 해조류 45종, 조개류 50종, 바닷게 17종, 바다거북 1종을 조사하여 수록했을 뿐만 아니라 먹는 방법과 요리법까지 세세하게 기록한 것으로 유명합니다.

문익점(文益漸, 1329~1398)

고려 말기의 학자로 우리 역사에선 드문 육종학자였습니다. 중국 원나라에 사신으로 갔다가 돌아오면서 목화씨를 가지고 들어와 장인 정천익과 함께 재배에 성공하여 목화 보급에 크게 기여했습니다. 중국에서 반출이 금지된 목화씨를 붓두껍에 숨겨 우리나라에 전

해 주었다는, 위인전의 단골 주인공
이지만 이는 후세 사람들이 만든
이야기라는 게 정설입니다. 그럼에
도 문익점이 위대한 것은 그가 처
음 목화씨를 들여왔다는 것이 아니
라 목화 재배에 성공하고 목면 대
량 생산의 길을 터 백성들의 의복
생활을 획기적으로 바꿨다는 사실
때문입니다. 목면이 대중화되기 전
까지 이 땅의 백성들은 대부분 베
옷으로 추운 겨울을 견뎌야 했던

문익점은 고려 말 학자이지만 목화씨의 전
래자로서 더 유명하다. 공민왕 때 원나라에
갔다가 귀국하면서 목화씨를 가져와 장인
인 정천익과 함께 3년여의 노력 끝에 목화
재배에 성공, 의류 혁명에 기여했다.

것을 생각하면 그의 업적이 얼마나 대단한 것이었는지 알 수 있습니
다. 문익점이 정천익과 함께 처음 목화를 시험 재배했던 경남 산청군
단성면 사월리에 문익점 면화 시배지始培地가 사적 108호로 지정되어
있습니다.

다섯 번째 장면

5

위대한 한글

한글의 진가, 우리만 모른다
한글과 세종대왕
한글, 왜 위대한가
[잠깐! 이런 것도] 한글 창제의 원리와 한글 자음 바로 알기

한글의 진가, 우리만 모른다

한글이 위대한 문자라는 것은 세상이 다 압니다. 그런데 사실은 한글만큼 홀대받는 문자도 없습니다. 그것도 한글의 주인인 우리 민족에게서 말입니다. 영어 단어는 철자 하나만 틀려도 화들짝 부끄러워하면서 한글은 맞춤법을 제대로 몰라도 아무런 부끄러움도 느끼지 않습니다. 다음 글을 한 번 읽어 봅시다. 2006년 10월 9일자 「중앙일보」에 실렸던 이훈범 논설위원의 '애哀 한글가'라는 칼럼 중 일부입니다.

여보시오 사람들아, 여기가 어디런가.
미국이요 영국이요 아니면 불란서요.
생긴 건 한 판인데 입만 열면 모를 소리.
아니다, 상관 말고 내 갈 길이나 서두르세.

요지경 세상 속에 집도 하나 못 찾겠다.
여기는 뭔 팰리스 저기는 또 무슨 파크.
뭔 캐슬에 웬 놈의 빌은 어찌 그리 많다더냐.
시어미 발 끊게 하련다는 그 말이 맞나 보네.

발품이나 쉬어 갈래도 그늘 찾기가 쉽지 않다.
무슨 마트, 어떤 월드에 아울렛은 또 뭔 소리.

무슨 존에 뭔 플러스라더니 까르푸는 지워졌소.
아뿔싸, 그 자리에 뭔 랜드가 대신 하네.

그 정도는 약과라네. 설은 알파벳 난무하니.
한국이라 케이라는데 그것들만 들어봐도,
케이티 지나 케이티에프, 하나 더 케이티에프티.
케이티엑스로 그칠쏘냐, 케이티앤지 나도 있다.

기 못 펴는 프랑스 말도 상표 이름으론 으뜸이라.
뚜레쥬르 파리바게뜨 르노트르 빵집이요,
라네즈 라끄베르 드봉 에뛰드 화장품인데,
그 중에 제일 앞선 것은 우리 친구 모나미라.

산란한 속 추스르려 티비 보니 더 어지럽다.
뉴스라인 뉴스투데이 모닝와이드 모닝쇼,
해피타임 스타 골든벨 브라보 웰빙라이프.
그 속에 끼어 있는 '바른말 고운말'이 머쓱하네.

백미는 운동 중계라, 듣노라니 기가 찬다.
설기현 인터셉트, 하프라인 넘어 드리블 대시
스루 패스, 크로스 패스 리턴 받아 센터링.
헤딩 슛, 골키퍼 펀칭, 크로스바 넘어갑니다.

여기저기 외래어요, 입 벌리면 외국어라.

세계화 지구촌에서 경쟁력 있겠네 믿었더니,

거리서 만난 외국인 하나 시청 앞에도 못 데려간다.

입만 풍년인 콩글리시가 어찌 아니 그럴쏘냐.

외래어 홍수 속에 신음하는 우리말의 오염 실태를 꼬집은 글입
니다. 지금부터 근 10년 전인 2006년 한글날에 쓴 글이 이 정도였는
데 아마 지금은 상황이 더 하면 더했지 별로 나아졌을 것 같지가 않
습니다. 우리는 기회만 있으면 한글이 세계 최고의 문자라고 자화자
찬합니다. 그럼에도 정작 한글에 대해 잘 알지 못합니다. 왜 그렇게
훌륭한 문자인지도 알지 못하고, 설령 안다고 해도 그만큼 대접하지
도 않습니다. 오히려 한글을 조금이라도 아는 외국 학자들이 우수한
독창성과 과학성에 더 놀랍니다. 1980년대까지 최고의 동양사 입문
서로 꼽혔던 『동양문화사』의 저자들이었던 하버드대 라이샤워E. O.
Reischauer와 페어뱅크J. K. Fairbank 교수가 대표적입니다. 그들은 "한글은
아마도 오늘날 사용되고 있는 모든 문자 중에서 가장 과학적인 체계
일 것(Hangul is perhaps the most scientific system of writing in general use in any
country)"이라며 극찬했습니다.

또 한글의 우수성에 탄복한 나머지 해마다 한글날이 되면 세종
대왕의 영전 앞에 떡과 푸짐한 한국 음식을 차려 놓고 한국식으로
기념식까지 거행한 학자도 있었습니다. 1999년에 세상을 떠난 시카
고대학의 언어학자 제임스 매콜리 교수가 그 주인공입니다. 그는 매
년 한글날만 되면 휴강을 하는 걸로 유명했습니다. 대신 동료 교수

나 학생들을 집으로 초대해 한국 음식을 나눠 먹으며 한국 문화를 소개하는 시간을 가졌다고 합니다. 그의 집 거실 한쪽 벽에는 세종 대왕 초상화가 걸려 있었는데, 손님이 올 때마다 그는 이렇게 말했다고 합니다.

"한글은 세계에서 그 유래를 찾아볼 수 없을 정도로 뛰어난 글자입니다. 여기 걸린 초상화의 주인공이 바로 그 글자를 만들도록 한 사람입니다."

외국에서도 이렇게 한글을 높이 평가하는데 우리는 어떻습니까? 광복 이듬해부터 줄곧 국경일로 기념해 오던 한글날이 1991년부터 국경일에서 제외되기까지 했습니다. 그래도 2013년에 다시 국경일로 회복된 것은 한글의 중요성에 대해 다시 생각해 볼 수 있게 했다는 점에서 그나마 다행이 아닐 수 없습니다.

한글과 세종대왕

한글의 가장 위대한 업적은 한마디로 우리 민족의 말과 글을 하나로 일치시켰다는 데 있습니다. 한반도에 한자가 들어온 것은 약 2000~2500년 전이라고 합니다. 그때부터 고유어로 된 지명과 사람 이름을 문자로 옮기려면 한자를 이용할 수밖에 없었습니다. '솔샘'은 '송천松泉'으로, '한밭'은 '대전大田'으로, '새터'는 '신촌新村'으로 썼

훈민정음 창제 이유와 세종대왕의 애민정신이 잘 표현돼 있는 훈민정음 서문.

습니다. '쇠귓골'이 '우이동牛耳洞'이 되고, '삼개'가 '마포麻布'가 되고, '곰내'는 '웅천熊川'이 되었습니다. 전국 방방곡곡 지명의 뿌리를 따져보면 이런 게 얼마나 많은지 모릅니다. 지금이야 한자 지명이 익숙해져 그렇지 처음엔 얼마나 불편했겠습니까. 그런데다 옛날에는 문자, 즉 한자를 안다는 것은 극소수 귀족층들만의 특권이자 권리였습니다. 일반 백성은 함부로 글을 배우기가 그만큼 힘이 들었고, 아예 배워서도 안 되었습니다. 한글 창제는 그런 백성들에게 문자를 향유할 수 있는 권리를 돌려주었다는 엄청난 사건이었습니다. 오로지 일반 백성들의 불편을 해소하고 그들의 편의를 위해서 문자를 만들었다는 것, 그것도 권력의 정점인 한 나라의 최고 지도자가 그런 생각을 했다는 것 자체가 세계에 유례가 없는 일이었던 겁니다.

　이건 제가 그냥 지어내어 하는 말이 아닙니다. 세종대왕이 직접 저술한 『훈민정음』「예의편例義篇」에도 이런 애민정신이 그대로 나타나 있습니다. '나랏말싸미'로 시작하는 그 유명한 '훈민정음 서문'이 그것입니다.

　　나랏말싸미 듕귁에 달아
　　문짜와로 서로 사맛디 아니할새
　　이런 젼차로 어린 백성이 니르고져 홀빼이셔도
　　마참내 그 뜨들 시러 펴디 못할 놈이 하니라
　　내 이를 위하야 어엿비녀겨 새로 스물여듧자랄 맹가노니
　　사람마다 해여 수비니겨 날로 쑤메
　　뻔한킈 하고져 할 따라미니라

　도대체가 무슨 소리인지 모르겠다고요? 15세기 언어로 표시되어서 그렇습니다. 지금의 우리말로 옮겨 보면 다음과 같습니다.

　　나라의 말과 소리가 중국과 달라 문자와 더불어 서로 통하지 않으매 어리석은 백성이 말하고자 하는 것이 있어도 제대로 그 뜻을 전하지 못하는 자가 많도다.
　　내 이를 불쌍히 여겨 새로 28자를 만들었으니 사람들로 하여금 쉽게 익혀 일용케 함이니라.

창제 정신부터 이렇게 남달랐던 한글은 어떤 과정을 거쳐 만들어졌을까요? 2011년인가 「뿌리 깊은 나무」라는 역사 드라마가 방영된 적이 있습니다. 한석규, 신세경, 장혁, 윤제문, 조진웅 등 쟁쟁한 배우들이 열연했었죠. 내용은 한 마디로 애민愛民 군주 세종이 주변의 극심한 반대와 방해 공작 속에서도 어떻게 한글을 만들어 갔는지를 보여주는 것이었습니다. 주인공은 '이도李祹'라는 이름으로 불렸던 조선 4대 임금 세종1397~1450, 재위 1418~1450입니다. 드라마에서 줄곧 강조되었듯이 세종은 한글 창제를 거세게 반대하는 세력들에 맞서 끊임없이 토론하고 대화합니다. 아마 요즘 시대 독재자나 보통의 군주였다면 그냥 총이나 칼을 들었을 것입니다. 단숨에 하고 싶은 대로 하면 됐으니까요. 하지만 세종은 그러지 않았습니다. 왜 폭력이 안 되는 것인지, 왜 백성들에게 배우기 쉬운 글자가 필요한 것인지를 일깨우고자 했습니다. 왜 그랬을까요?

세종은 아버지 태종 이방원의 '폭력'을 보고 자랐습니다. 부왕 이성계를 도와 조선 창업의 일등공신으로 활약했던 이방원은 조선 창업의 반대자들을 무수히 견제하고 처단하는 주역이었습니다. 개국 후에도 왕자의 난을 거치며 형제들을 죽이고 마침내 군주의 자리를 쟁취한 야심가였습니다. 그런 태종에게 '폭력'은 왕권을 지키기 위한 가장 쉬운 방법이었습니다. 하지만 아들 세종은 달랐습니다. 군주에게 가장 쉬운 폭력의 통치를 과감하게 버리는 것으로부터 성군의 길을 내디뎠습니다. 세종은 왕자 때부터 잠 잘 때를 빼고는 항상 책을 읽었던 독서광이었습니다. 임금이 된 뒤에도 농사, 과학, 음악, 조세, 법률 등 다양한 분야에 조예가 깊었고 학문 연구도 직접 진두지휘했습니다. 측우기를 만들어 전국의 강우량을 측정하고 농법 기술을 정리한 『농사직설』이라는 책을 전국에 보급한 것 등 세종 재위 기간 동안에 이룬 수많은 업적들이 그런 결과물이었습니다.

세종의 마음은 늘 백성을 향해 있었습니다. 힘없고 가난하고 불쌍한 백성이 아무런 희망 없이 대대손손 지금 그대로의 모습으로 살아가야 한다는 것을 견딜 수 없었습니다. 그런 백성들의 고통을 없애주는 것이 올바른 군주의 길이라고 믿었죠. 그가 오랜 세월 밤잠을 설치며 힘겹게 만든 글자, 한글은 곧 그런 정신의 발현이었습니다.

현재 세계적으로 사용되고 있는 언어는 6,000~7,000여 개라고 합니다. 하지만 문자는 겨우 30개 정도 뿐입니다. 지구촌 구석구석 모든 민족, 종족, 부족이 자기 고유의 언어는 가지고 있지만 그 언어를 자기만의 글로 표현할 수 있는 민족은 극히 소수에 불과합니다. 세계의 많은 민족들이 자기들의 언어를 표기하기 위해 문자를 만들려고 노력했지만 대부분 실패했습니다. 그러나 한글은 이미 존재하는 기존 문자에서 직접 영향을 받지 않고 독창적으로 만든 새로운 문자였다는 점에서, 또 이 문자를 만든 사람과 창제 시기가 분명히 기록되어 있다는 점에서 세계적으로 유례가 없는 문자입니다.

다음은 국립민속박물관 훈민정음 전시 해설입니다. 이를 보면 한글의 창제 정신과 창제 과정, 그리고 창제 이후의 활약 등이 간결하게 정리되어 있습니다.

조선 제 4대 세종대왕재위 1418~1450은 백성들이 말은 할 수 있어도 글을 알지 못하는 것을 안타깝게 여겨서 세종 25년(1443) 12월에 우리의 고유 문자

한글날 기념우표. 한글은 세종대왕 주도로 1443년에 창제되고 3년 뒤인 1446년에 반포됐다. 한글은 중국과 다른 독자적인 문자를 갖겠다는 민족 자주정신과 모든 백성이 쉽게 글자를 배울 수 있어야 한 다는 애민정신의 산물이었다.

이며 표음 문자인 한글을 만들고, 28년(1446)에 '훈민정음'을 반포하였다. 한글은 17자의 자음과 11자의 모음인 28자로 구성되어 있다. 만든 목적이 분명하고 만든 사람과 만든 시기가 분명한 글자는 한글이 세계적으로 유일하다. 한글 창제와 반포에 대해 당시에는 많은 반대가 있었지만 세종은 한글로 된 최초의 노래인 「용비어천가」를 짓는 등 한글의 사용을 적극 권장하고 활용하도록 하였다. 한글이 점차 보급되면서 서민들은 생각과 뜻을 글로 적을 수 있게 되었고, 이로 인해 민원 해소, 농업 기술의 전수, 친지 간 편지 왕래 등 일상생활에서 한글이 활용되었으며 서민들의 생활 개선과 의식 성장을 가져왔다.

이렇게 위대한 창제 정신으로 세계 그 어떤 문자보다 과학적으로 만들어진 한글이었지만 처음부터 널리 쓰이지는 못했습니다. 한글이 만들어진 이후에도 양반들은 여전히 한자로 소통했습니다. 한글은 '아랫것' 들이나 쓰는 글자라 해서 '언문諺文'이라며 냉대했습니다. 관청의 공문서, 역사서, 학술서 역시 여전히 한자를 사용했고, 한글은 언해나 언간, 아동용 서적, 고전소설 등에나 조금씩 사용되었을 뿐입니다. 한글이 마침내 국가로부터 공식적인 인정을 받은 것은 한글을 반포한 때로부터 450년이 지나서였습니다. 즉 1894년 11월 갑오경장 이후 조정이 조선 정부 칙령 1호로 '법률 명령은 다 국문으로 본本을 삼고, 한역漢譯을 부하며, 혹 국한문을 혼용함'이라는, 한글 전용 대원칙에 관한 법령을 공포함으로써 비로소 한글이 우리나라 공식 글자가 되었습니다.

한글, 왜 위대한가

미국에 사는 한인들 이야기를 하나 할까 합니다. 아시다시피 미국은 이민자의 나라입니다. 세계 각국에서 온 수많은 이민자들이 서로 어울려 살아갑니다. 그중에는 자기 나라 말과 글을 지키며 살아가는 민족이 있는가 하면 전혀 그렇지 못한 민족도 있습니다. 모국어와 자기 나라 글을 지키며 사는 대표적인 민족이 중국 사람과 한국 사람입니다. 일본계 미국인도 많지만 그들은 이미 이민 2세대, 3세대가 되면서 자기 모국어를 할 줄 아는 사람이 별로 없는 실정입니다. 하지만 한인들도 처음에는 그러지 않았습니다. 미국에 가면 빨리 미국 사회에 동화되어야 한다면서 2세들에게 한국말을 일부러 안 가르쳤다고 합니다. 하지만 요즘은 완전히 상황이 달라졌습니다. 우리나라가 발전하고 국제적 위상도 높아져서 그런지 다들 열심히 한국말과 글을 가르칩니다. 그래서인지 요즘 미국에서 자라는 한인 2세들은 한국말을 꽤 잘 합니다. 이렇게 된 데는 우리 한글이 그만큼 배우기 쉽고 쓰기 편하다는 이유가 절대적이었습니다.

언젠가 TV에서 방영한 한글날 특집 다큐멘터리를 본 적이 있습니다. 각 나라 사람들을 상대로 소리 받아쓰기를 하는 내용이었는데, 여러 차례의 실험을 통해 얻은 결론은 다음과 같았습니다. 지구상에서 발생되는 모든 소리를 가장 비슷하게 흉내 내고 가장 비슷하게 표기할 수 있는 민족은 바로 우리 한국인이라는 것입니다. 그 이유는 특별히 한국인의 듣기 능력이 다른 민족보다 뛰어나서가 아니었습니다. 단지 '한글'이라는 특별한 표기 수단을 가지고 있었기 때문에 그런 능력이 생겼다는 것입니다. 이는 우리 한글의 표기 능력이 그만큼 탁월하다는 것을 말해 줍니다. 아무리 힘든 발음의 외국어도 적자고 들면 큰 불편 없이 그대로 옮겨 적을 수 있다는 뜻이지요.

그렇다면 한글의 어떤 점이 그렇게 위대할까요? 첫째, 배우기가 쉽습니다. 아무리 학습 능력이 떨어진다 해도 단 며칠만 배우면 한글을 깨칠 수 있습니다. 조금 머리가 좋은 사람은 반나절이면 다 배웁니다. 세종 임금이 한글을 만들면서 가장 주안점을 두었던 것도 '쉽게, 쉽게'였습니다. 둘째, 과학적 원리에 기반을 둔 문자입니다. 한글 자모는 우리의 입안 구조를 고려하여 발음할 때의 혀 모양을 그대로 옮겨놓았다고 합니다. 예를 들어 'ㄱ'을 발음할 때 혀의 모양이 구부러진 낫 모양 'ㄱ'처럼 되는 것에 착안해 만들었다는 겁니다. 셋째,

한글은 자음과 모음의 결합 원칙이 철저하게 지켜지는 문자입니다. 따라서 많은 표음문자 중에서도 각 낱글자를 구별하기 쉽고, 이런 점에서 오늘날 컴퓨터 시대의 IT 기술에 가장 잘 어울리는 문자라는 평가를 받습니다.

끝으로 한 마디만 더 하겠습니다. 이렇게 한글은 배우기 쉽고 과학적이라는 인식 때문에 오히려 한글 독해력 향상에 소홀히 하는 경향이 있는 것 아닌가 하는 우려입니다. 부끄럽지만 우리나라 대졸자의 문해력은 OECD 국가 중 최하위 수준이라고 합니다. '문해력'이란 글로써 소통할 수 있는 능력을 말합니다. 읽고 쓸 줄 아는 능력이라는 말이지요. 그런데 지금 우리는 한글을 발음으로 읽을 줄은 아는데 조금만 긴 글을 대하면 읽어도 무슨 말인지 모르는 사람이 너무 많습니다. 이래서는 한글을 안다고 할 수 없습니다. 좀 더 마음을 모으고 뜻을 모아 열심히 익혀야 합니다. 책도 읽고 신문도 읽어야 합니다. 인터넷에 떠도는 좋은 글이라도 열심히 읽어야 독해력도 높아지고 생각하는 힘도 길러집니다. 물론 글로 자신의 생각을 표현하는 글쓰기 능력도 그럴 때 더 향상될 것입니다.

이 장은 신문 칼럼으로 시작했으니 신문 칼럼으로 마무리할까 합니다. 우리가 잘 모르는 한글의 우수성을 14개의 질문 형식으로 정리한 글인데, 2005년 10월 10일자 한겨레신문의 곽병찬 기자가 쓴 '답 한글'이라는 제목의 글입니다. 이제까지 우리가 읽었던 것을 요약 정리한다는 의미도 있으니 문제 풀이를 하듯 읽어 보시기 바랍니다. 답은 모두 '한글'입니다.

1997년 10월 1일, 유네스코가 세계기록유산으로 지정한 문자는?

1998년부터 2002년 말까지 유네스코는 말뿐인 언어 2,900여 종에 가장 적합한 문자를 찾는 연구를 했는데, 여기서 최고의 평가를 받은 문자는?

유네스코가 문맹 퇴치 기여자에게 주는 상의 이름은 어떤 문자를 염두에 두고 지어졌나?

지구상 100여 개의 문자 가운데 제작자, 그리고 제작 원리와 이념이 정리되어 있는 유일한 문자는?

세계에서 문맹률이 가장 낮은 나라에서 사용하는 문자는?

일본의 오사카 시는 엑스포 기념 세계민족박물관을 지어 세계의 문자를 전시했는데, 이 가운데 '가장 과학적인 문자'라는 설명이 붙어 있는 문자는?

언어학 연구에서 세계 최고라는 영국 옥스퍼드대학교 언어학대학이 합리성, 과학성, 독창성, 실용성 등의 기준에 따라 점수를 매긴 결과 1등을 차지한 문자는?

컴퓨터 자판에서 모음은 오른손으로, 자음은 왼손으로 칠 수 있는 유일한 문자는?

이동전화의 한정된 자판을 가장 능률적으로 운용할 수 있어 디지털 시대의 총아로 떠오를 문자는?

발음기관의 움직임과 작용, 음성학적 특질을 본떠 만들었으며, 음양오행의 철학적 원리와 하늘·땅·사람의 존재론적 구조를 담고 있는 문자는?

『대지』의 작가 펄 벅이 "세계에서 가장 단순하면서도 가장 훌륭한 글자"라고 평가했고, 『알파베타』의 저자 존 맨은 "모든 언어가 꿈꾸는 최고의 알파벳"이라고 말한 문자는?

언어학자 라이샤워 교수가 "가장 과학적인 표기 체제"라고, 시카고대학의 매콜리 교수는 "10월 9일이면 꼭 한국 음식을 먹으며 지낸다"며 존경심을 털어놓은 문자는?

영국 리스대학교의 제프리 샘슨 교수가 "기본 글자에 획을 더해 동일 계열의 글자(ㄱ, ㄲ, ㅋ)를 만든 독창성은 어떤 문자에서도 볼 수 없다"고 칭송한 문자는?

그런데 정작 그 나라 사람들은 그 귀함과 고마움을 잘 모르는 문자는?

한글 창제의 원리

한글은 아무렇게나 만든 것이 아니라 세 가지 분명한 창제의 원리를 가지고 있습니다. 첫째는 상형象形의 원리인데, 이는 무엇인가 모양을 본떠서 만들었다는 것입니다. 즉 기역, 니은, 디귿 등 닿소리자음는 사람의 입안 모양, 즉 발음기관을 본떠 만들었고, ㅡ, ㅣ 홀소리모음 세 글자는 동양철학의 기본 원리인 하늘天, 땅地, 사람ㅅㅌ, 즉 천지인 삼재ㅌㅑ를 본떠 만들었습니다. 먼저 기본 자음 5개의 제자 원리는 다음과 같습니다.

ㄱ : 혀뿌리가 입안 쪽에 닿는 모양을 본뜸 ⇨ 어금닛소리 = 아牙음

ㄴ : 혀가 윗잇몸에 붙는 모양을 본뜸 ⇨ 혓소리 = 설舌음

ㅁ : 입 모양을 본뜸 ⇨ 입술소리 = 순脣음

ㅅ : 이 모양을 본뜸 ⇨ 잇소리 = 치齒음

ㅇ : 목구멍을 본뜸 ⇨ 목소리 = 후喉음

다음으로 기본 모음 3개의 제자 원리는 다음과 같습니다.

· : 하늘의 둥근 모양을 본뜸

ㅡ : 땅의 평평한 모양을 본뜸

ㅣ : 사람이 서 있는 모양을 본뜸

두 번째 창제 원리는 가획加劃의 원리입니다. 기본 글자에 획을 더해 글자를 만들었으며, 기본 글자는 앞에서 언급한 자음 5개, 모음 3개를 말합니다.

세 번째 창제 원리는 개방開放의 원리입니다. 이는 한글 글자의 수가 고정되어 있지 않다는 것입니다. 이는 자음 17개(현재 14자 + △, ㆁ, ㆆ)와 모음 11개(현재 10자 + ·) 등 모두 28자를 바탕으로 연서와 병서, 합용의 방식을 사용하여 많은 글자를 만들 수 있음을 뜻합니다. 연서란 자음 2개를 위아래로 잇대어 쓰는 방법이고, 병서는 자음 2개 이상을 옆으로 나란히 쓰는 방법이며, 합용은 모음 2개 이상을 합하는 방법을 말합니다.

한글 자음 바로 알기

'낫 놓고 기역 자도 모른다'는 속담이 있습니다. 아주 무식하거나 세상 물정 모르는 딱한 사람을 지칭할 때 쓰는 표현입니다. 이를 달리 말해 "기역 니은도 모른다"고 하지요. 그런데 요즘은 정말로 기역 니은도 모르는 사람이 너무 많습니다. 우리말 자음 14개의 정확한 명칭을 바로 아는 사람이 의외로 적다는 얘기입니다.

ㄱ ㄴ ㄷ ㄹ ㅁ ㅂ ㅅ ㅇ ㅈ ㅊ ㅋ ㅌ ㅍ ㅎ. 이번 기회에 정확히 기억해 두시기 바랍니다. 답은 다음과 같습니다. ㄱ은 '기역', ㄴ은 '니은', ㄷ은 '디귿', ㄹ은 '리을', ㅁ은 '미음', ㅂ은 '비읍', ㅅ은 '시옷', ㅇ은 '이응', ㅈ은 '지읒', ㅊ은 '치읓', ㅋ은 '키읔', ㅌ은 '티읕', ㅍ은 '피읖', ㅎ은 '히읗'으로 적어야 합니다. 외우는 요령은 치읓 키읔 히읗처

럼 이들 이름을 유심히 보면 각 글자 이름 뒷글자의 받침에는 해당 글자가 온다는 것을 기억하면 쉽습니다.

가장 많이 틀리는 것은 'ㄷ'을 '디글'이나 '디긋'으로 소리 내고, 표기할 때도 그렇게 적는 경우입니다. 또 'ㅋ'을 '키역'으로 소리 내고, 그렇게 적는 사람도 꽤 많습니다. 'ㅌ'을 '티귿'이나 '티긋'으로 적는 것도 주의해야 하고, 'ㅎ'을 '히응'으로 소리 내고, 그렇게 적는 경우도 많으니 조심해야 하겠습니다. 다시 한 번 말하지만 우리말 자음 이름은 자음 자체가 마지막 소리의 받침으로 들어간다는 사실만 기억해 두면 잘못 쓰는 일은 없습니다.

참고로 한글 창제 당시에는 있었지만 지금은 쓰이지 않는 네 글자의 호칭과 발음은 다음과 같습니다.

· : 아래 아(첫 음절에 나올 때는 'ㅏ'로 발음하고, 첫 음절이 아닐 때는 'ㅗ'와 'ㅜ'로 발음했다.)

△ : 반치음('ㅅ'과 'ㅈ'의 중간으로 발음. 영어의 'z' 발음과 비슷하다.)

ㅇ : 옛 이응(지금의 'ㅇ'처럼 쓰였다.)

ㆆ : 여린히읗('ㄹ' 받침으로 끝나는 종성의 한자음이 입성임을 표시할 때 사용했다.)

6

선비정신과 기록문화

교육에 목숨 건 민족

버락 오바마 미국 대통령은 취임 이후 기회 있을 때마다 한국의 뜨거운 교육열과 교육 제도를 칭찬하고 있습니다. 우리 입장에서 보면 '공교육 붕괴와 과열 사교육 열풍이 늘 도마에 오르고 있는데 웬 칭찬?' 하면서 의아하게 생각할 수도 있습니다. 하지만 솔직히 기분이 으쓱해지는 것은 사실입니다. 오바마 대통령만이 아닙니다. 옛날부터 우리나라를 좀 안다 하는 외국인들은 한결같이 뜨겁고 치열한 우리 민족의 교육열에 놀라고 있습니다. 그도 그럴 것이 한국의 높은 교육열은 자타가 인정하는 사실인데다 지금 우리 민족이 이만큼이나마 잘 살게 된 것도 그런 뜨거운 교육열의 결과라는 것을 부인하기 어렵기 때문입니다.

그렇다면 우리나라는 왜 이렇게 교육열이 높은 걸까요? 요즘만 그런 것이 아니라 오래 전에도 그렇게 교육열이 높았던 걸까요? 역사를 돌아보면 그 답이 보입니다. 그렇습니다. 우리나라는 전통적으로 관리를 등용하는데 있어서 오랫동안 공정한 시험 제도를 채택해왔고, 바로 그 점이 교육열을 높이는 일등 공신이었습니다.

이게 무슨 말이냐고요? 오래 전 신라시대에는 '독서삼품과讀書三品科'라는 게 있었습니다. 국립대학 격인 국학의 학생들이 졸업할 때쯤이면 유교 경전의 독해 능력을 평가해서 상, 중, 하 3등급으로 나누고 그 성적에 따라 각각 다른 위치의 관리로 차등 임용하던 제도입니다. 어떻게든 열심히 공부할 수밖에 없었겠지요. 또 고려시대에

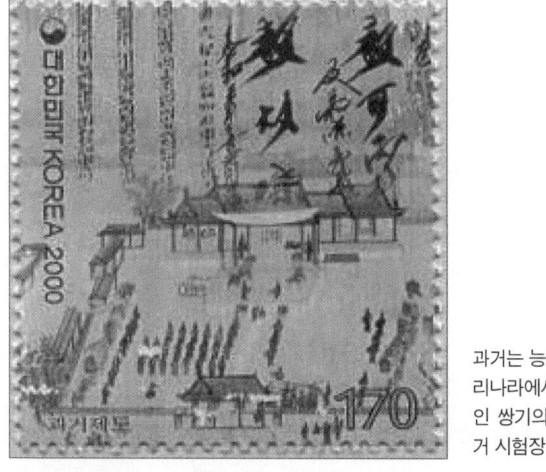

과거는 능력에 따른 관리등용 제도로 우리나라에서는 고려 광종 때(958년) 귀화인 쌍기의 건의로 처음 실시되었다. 과거 시험장 풍경을 그린 우표.

과거 제도가 도입되어 정착된 이래 조선을 거쳐 1894년 갑오경장 때까지 인재 등용의 근간으로 이어져 내려왔습니다. 과거 시험은 모든 백성들에게 성공으로 가는 출입문과 같았습니다. 신분상의 일부 제약은 있었지만 기본적으로 글을 읽고 책을 읽은 사람은 누구나 응시할 수 있었습니다. 그래서 공부만 잘 하면, 과거에 급제만 하면 누구나 정승도 될 수 있고 판서도 될 수 있다는 희망을 가질 수 있었습니다. 우리나라 사람들에게 공부를 해야 한다는 동기가 생겨난 이유가 여기에 있습니다. 비록 끼니를 굶을지언정 자식에게 공부는 시켰던 것입니다.

　물론 국가도 백성들의 그런 희망에 부응했습니다. 조선시대 관리 등용의 원칙은 '입현무방立賢無方 유재시용惟才是用'이라는 여덟 글자로 요약할 수 있습니다. '입현무방'이란 어진 사람을 등용함에 있어서 '모'가 나면 안 된다는 것입니다. 이는 다시 말해 혈연, 지연, 학연을 따지지 않고 어진 사람이면 등용한다는 말입니다. '유재시용'은 오직 재주 있는 사람만 쓴다는 뜻입니다. 과거시험의 선발 시스템이 이 원칙을 그대로 적용했습니다. 즉 과거의 첫 관문인 초시는 최종 합격자의 7배수를 뽑았는데 전국 8도의 인구 비율에 따라 합격자를 강제로 배분했습니다. 어느 한 지방 출신이 관직을 독식하는 것을 막기 위함이었습니다.

참고로 조선시대의 과거시험은 지방 관청에서 1차 시험이라 할 수 있는 '초시'를 보았고, 좀 더 큰 도시에서 '생원과'와 '진사과'를 보았습니다. 초시에 합격한 사람을 '초시'라 불렀고, 진사과나 생원과에 합격하면 '생원' 또는 '진사'라고 불러주었습니다. 따라서 초시나 생원, 진사는 벼슬 이름이 아니라 해당 과거시험을 통과한 사람, 즉 '책을 읽은 선비'와 같은 의미였습니다. 황순원의 소설 「소나기」에 나오는 '김 초시'의 초시라든지 대중가요 「최진사댁 셋째 딸」의 진사는 다 그 이야기입니다.

그 다음 진사, 생원이 되면 '식년시'라고 해서 4년마다 시행된 더 높은 과거시험에 응시할 수가 있었습니다. 이때는 100명 정도를 뽑았는데, 이들에게는 조선시대 최고 교육기관인 성균관에 입학할 수 있는 자격이 주어졌습니다. 그리고 이들 성균관 유생들이 '대과'라고 해서 임금님 앞에서 진짜 과거시험을 보았습니다. 대과에서 합격해야 관리가 되고 정식 벼슬길로 나아갈 수 있었습니다. '장원급제'라는 말은 바로 그 과거시험에서 최고 점수로 합격한 사람을 말했습니다. 그리고 이런 선비들을 위한 과거 말고도 무인이나 여러 분야의 전문가들을 뽑는 '무과'나 '잡과'라는 시험도 따로 있었습니다.

　이야기가 잠시 딴 데로 흘러갔네요. 어쨌든 우리나라는 모든 관직을 이렇게 시험을 통해 입문할 수 있었는데, 그 배경이 바로 유교였습니다. 지금은 유교가 많이 퇴색했지만 한때 우리의 의식과 생활을 지배했던 최고의 이념이자 철학이며 생활 원리였습니다. 세계사적 맥락에서 볼 때도 유교문화는 그저 동양의 작은 나라 조선에서만 빛을 발했던 문화가 아니라 기독교, 불교 등과 함께 세계를 2~3개 권역으로 분할하던 주요 인류 문화권 중의 하나였습니다. 그러나 중국은 끊임없이 반복되는 이민족의 침입으로 인해 점점 원형을 잃어 갔습니다. 그래도 한국은 유교의 원형을 그대로 보존하며 전통을 이어올 수 있었는데, 이는 특히 조선이 유교를 국가의 지도 이념으로 삼았던 데에 큰 이유가 있었습니다.

　물론 유교로 인해 지나친 형식과 절차에 매몰되는 폐해도 있었지만 긍정적인 면도 많았습니다. 대표적인 것이 선비정신입니다. '선비'란 간단히 말해서 학식과 인품을 갖춘 사람을 말합니다. 과거에는 유교 이념을 구현하는 인격체 또는 신분 계층을 가리켰지요. 율곡 이이의 말을 빌리면 '마음으로 옛 성현의 도를 사모하고, 몸은 유교인의 행실로 신칙하며, 입은 법도에 맞는 말을 하고, 공론公論을 지니는 자'가 선비입니다. 청렴결백하고 지조를 중시하며 어떤 처지에서도 품위를 잃지 않고 늘 학문을 가까이 하는 사람이 선비라는 말이지요.

　역사학자 한우근 전 서울대 교수는 선비정신을 한국형 '노블레스 오블리주' 전통을 만든 뿌리라고 보았습니다. 조선시대 선비 문화의 가장 큰 매력이 '자기 절제'였다고도 했습니다. 이는 조선시대 왕실과 양반 지도층의 의식주 생활을 보면 그 이전 시대보다 훨씬 검소했다는 점에서도 증명이 됩니다. 실제로 조선 왕들은 과거 신라나 백제의 왕들처럼 화려한 금관을 쓴 일이 없습니다. 조선 궁궐이나 왕릉의 규모도 이웃 나라들에 비해 훨씬 작았습니다. 양반이라 해도 비단옷은 특별한 의식을 치를 때만 입었지 일상복은 거친 무명이나 명주옷을 입었고요. 음식도 요즘 우리가 드라마에서 보는 것처럼 그렇게 사치스럽지 않았다고 합니다. 그러나 뭐니 뭐니 해도 조선의 선비 문화가 남겨 준 가장 위대한 유산은 기록의 전통이었습니다. 지금 세계가 놀라는 우리의 빛나는 기록 유산들은 모두 선비정신의 산물이었던 것입니다.

세계가 놀라는 우리의 기록유산

인간은 기록의 동물입니다. 개인이나 집단, 혹은 그 사회가 살아온 내력의 흔적과 자취를 남기고 싶어 하는 것은 모든 인간 사회의 공통된 현상이기도 합니다. 그런 점에서 문자의 발명은 인간 역사의 필연이었습니다. 학자들은 인류가 최초로 문자를 사용한 시기를 기원전 3000년경으로 추정합니다. 처음에는 간단한 그림이나 부호가 문자 대신 이용됐습니다. 이어 좀 더 기호화된 문자가 나타나기 시작했습니다. 체계화된 문자의 발명은 인류 역사의 획기적인 전환점이 되었습니다. 문자를 통해 자신의 생각과 정보를 정리하여 표현할 수 있게 되었고, 그것을 멀리 있는 사람에게 뿐만 아니라 후손들에게도 손쉽게 전할 수 있게 되었기 때문입니다. 그리고 문자는 선사시대와 역사시대를 나누는 기준이 되었습니다. 문자에 의한 기록이 남아 있는가, 아닌가에 따라 역사를 다르게 구분한다는 말입니다.

우리는 반만년 역사를 자랑하는, 세계에 몇 안 되는 문화민족입니다. 그 이유는 그렇게 오랜 역사가 기록으로 남아 있고, 다양한 기록 유산을 통해 알 수 있기 때문입니다. 더 놀라운 것은 우리글인 한글이 창제되기 훨씬 이전부터 우리 조상들은 비록 한자를 빌려서 사용하긴 했지만 자신의 생각과 사상을 온전히 기록하고 전수해 왔다는 사실입니다. 최치원, 원효, 혜초 등 삼국시대의 저작물은 물론 팔만대장경을 비롯해 세계 최초의 금속활자 인쇄본인 직지심체요절 등 고려의 기록물까지 모두가 세계인이 놀라는 우리의 기록유산입니다. 조선시대에 이르면 더 깜짝 놀랄만한 기록물들이 무더기로 쏟아져 나옵니다. 왜 그랬을까요?

조선은 왕도정치王道政治를 정치적 이상으로 삼은 나라였습니다. '왕도정치'란 맹자의 기본 사상에서 출발합니다. 간단하게 말하면 덕德으로써 세상을 다스리는 덕치주의德治主義 정치라고 할 수 있습니다. 맹자는 인간의 본성은 본래 선하다는 성선설性善說을 내세운 고대 중국의 철학자입니다. 덕치주의는 맹자의 이런 성선설을 바탕으로 합니다. 즉 사람의 본성은 선하기 때문에 지도자가 덕에 의한 바른 정치를 하면 백성들은 자연적으로 바른 길로 가게 된다는 말입니다.

이를 실현하기 위해 조선이 택한 방법이 기록 정치였습니다. '기록 정치'란 국가의 정책 운영 과정을 철저하게 기록으로 남김으로써 다음의 여러 국가 정책 집행에 그 기록을 활용하는 것을 말합니다. 조선이 계속되는 외침과 내부적 모순에도 불구하고 500년이나 지속될 수 있었던 것은 그나마 이런 기록을 통해 국가를 바르고 투명하고 책임 있게 유지하려 했기 때문입니다. 즉 위정자의 모든 통치 행위를 기록으로 남기고 후대의 심판을 받도록 한 것이지요. 『조선왕조실록』은 그런 기록 문화를 대표할 만한 귀중한 유산이라고 할 수 있습니다. 그뿐이 아닙니다. 『승정원일기』, 『일성록』 등 수많은 기록물들이 남아 있고, 같은 이유로 세계인의 관심을 끌고 있습니다.

유네스코 기록유산

유네스코는 유엔 산하 기관입니다. 인류 공동의 유산 보존을 위해 좋은 일을 참 많이 하지요. 그중 우리에게 잘 알려진 것이 인류의 소중한 자연 및 문화유산을 '세계유산'으로 지정해 보호하는 일입니다. 그런데 유네스코가 인류 공동의 유산으로 지정해 보호하고 있는 것은 문화유산이나 자연유산만이 아닙니다. 1997년부터는 세계의 귀중한 기록물을 보존·활용하기 위해 '세계기록유산Memory of the World'이란 것도 지정하고 있습니다. 2015년 10월에도 60여 개국이 신

유네스코 등재 우리나라 세계기록유산	
	* 2015년 현재
훈민정음 해례본(1997)	일성록(2011)
조선왕조실록(1997)	5.18민주화운동 기록물(2011)
직지심체요절(2001)	이순신 난중일기(2013)
승정원 일기(2001)	새마을운동 기록물(2013)
고려대장경판 및 제 경판(2007)	한국 유교책판(2015)
조선왕조 의궤(2007)	KBS 이산가족 찾기 생방송 기록물(2015)
허준 동의보감(2009)	

청한 88건 중 47건을 새롭게 세계기록유산에 등재했습니다.

세계기록유산은 특정 국가를 초월해 세계사와 세계 문화에 중요한 영향을 준 자료, 역사적 시기를 이해하는 데 중요하거나 그 시기를 특별한 방법으로 반영하는 자료 등을 대상으로 합니다. 세계기록유산으로 선정되면 보존·관리에 대해 유네스코의 보조금 및 기술적 지원을 받게 될 뿐 아니라, 그에 대한 연구도 더 활발하게 진행되기 때문에 그런 기록유산을 가진 나라는 그만큼 더 인류의 정신문화에 기여한다는 자부심을 갖게 되겠지요. 그러다 보니 기록유산 역시 각 나라 역사의 문화적 수준을 가늠하는 척도가 된다는 점에서 눈에 보이지 않는 등재 경쟁이 치열합니다.

2014년 현재 기록유산을 가장 많이 가진 나라는 독일로 모두 17개를 보유하고 있습니다. 2위는 오스트리아로 13개고요. 이어 러시아와 폴란드가 각각 12개씩으로 공동 3위에 올라 있습니다. 우리나라는 어떨까요? 놀라지 마세요. 2014년까지 11개였다가 2015년 10월 또 2개가 늘어 모두 13개가 됐습니다. 이는 아시아 국가 중에서는 가장 많은 숫자입니다. 2015년에 등재된 기록물은 조선시대 유학자들의 저작물을 간행하기 위해 판각한 목판인 '한국 유교책판'과 'KBS 특별생방송 이산가족을 찾습니다 기록물' 등 2개입니다. 참고로 이웃 일본은 2015년 2개를 더하여 5개가 됐고요, 중국은 '난징대학살 문건'이 추가 등재됨으로써 모두 10개의 기록유산을 가지고 있습니다.

우리가 이렇게 찬란한 세계기록유산을 가지게 된 이유는 앞에서도 이야기했듯이 옛날부터 우리는 기록을 통해 역사를 말하고, 현재를 진단하며, 미래를 계획했던 민족이기 때문입니다. 그러면 세계인을 놀라게 하는 우리의 기록문화, 곧 유네스코 세계기록유산들을 좀더 자세히 알아보겠습니다.

훈민정음 해례본

유네스코 세계기록유산으로 지정되어 있는 것은 한글 그 자체가 아니라 한글 창제 과정을 설명한 『훈민정음』이라는 책의 해설서입니다. 훈민정음訓民正音은 한자 뜻 그대로 가르칠 훈訓, 백성 민民, 바를 정正, 소리 음音, 즉 백성을 가르치는 바른 소리라는 뜻입니다. 세종 25년(1443)에 완성됐지요. 또 3년 후인 세종 28년(1446)에 정인지, 신숙주, 성삼문, 최항, 박팽년, 강희안, 이개, 이선로 등 집현전의 여덟 학자가 세종의 명을 받아 훈민정음을 설명한 해설서를 발간했는데, 이

訓民正音
國之語音異乎中國與文字
不相流通故愚民有所欲言
而終不得伸其情者多矣予
爲此憫然新制二十八字欲
使人人易習便於日用矣
牙音如君字初發聲

太祖實錄 卷第六 山禄十五

1997년 훈민정음 해례본과 조선왕조실록이 유네스코 세계기록유산으로 처음 등재됐다. 이를 기념해 발행된 특별 우표들이다. 훈민정음과 세종대왕. 정족산 사고와 태조실록이 각각 그려져 있다. 2000년 발행.

책의 이름 또한 '훈민정음'입니다. 이 해설서에는 보기를 들어 설명한다는 뜻의 '해례解例'라는 말이 붙어 있어 '해례본'이라고 부릅니다. 현존 해례본은 1940년경 경북 안동 어느 고가에서 발견된 것으로서 국보 70호로 지정되어 있으며, 지금은 간송미술관에 소장되어 있습니다. 『조선왕조실록』과 함께 1997년 10월에 우리나라에서는 가장 먼저 유네스코 세계기록유산으로 등재되었습니다.

조선왕조실록

　조선의 첫 임금인 태조 이성계로부터 일제에 사실상 국권을 빼앗긴 고종 임금 전의 왕이었던 철종 때까지 25대 472년간[1392~1863]의 역사 기록입니다. 연월일 순서에 따라 편년체로 기술되어 있으며, 총 1,893권 2,077책에 이릅니다. 조선시대의 정치, 외교, 사회, 경제, 학예, 종교 생활로부터 천문, 지리, 음악, 과학적 사실이나 자연 재해, 천문 현상과 동북아시아의 외교적 관계가 수록되어 있는 종합 문화 서적이라고 할 수 있습니다. 임금부터 일반 백성들의 생활도 세세하게 기록되어 있어서 당시 일본, 중국, 몽고 등 동아시아 제국의 역사 및 생활, 외교 관계 연구에도 귀중한 자료가 되고 있습니다.

　실록의 기초 자료였던 사초 작성에서 실제 편술까지의 간행 작업을 맡았던 사관은 관직으로서의 독립성과 기술에 대한 비밀성을 제도적으로 보장받았습니다. 그 때문에 한 시대의 역사 기록이라는 엄중한 사명을 감당할 수 있었고, 사관의 기록은 임금도 함부로 열람할 수 없다는 지엄한 전통을 남길 수 있었지요. 그 많은 실록을 그렇게 오랫동안 온전하게 보존했다는 점도 세계 역사에 유례가 없는 일입니다. 조정은 선왕의 실록 편찬이 끝나면 최종 완성본을 여러 본 인쇄해 서울의 춘추관 외에도 불의의 사고에 대비하기 위해 정족산, 태백산, 적성산, 오대산 등 전국 각지 깊은 산중에 네 곳의 사고史庫를 따로 만들어 분산 보관토록 한 것입니다. 임진왜란과 병자호란을 거치면서 일부 사고의 실록들이 소실되기도 했는데, 그때마다 재출간하거나 보수해 다시 채워 넣었고요. 이 중 정족산, 태백산 사고에 있던 실록은 1910년 일제가 당시 경성제국대학으로 이관하였다가 광복 후 서울대학교 규장각에 그대로 소장되어 현재에 이르고 있습니다. 오대산 사고 실록은 일본으로 반출됐다가 관동대지진 때 소실되고 현재는 27책만 남아 있습니다. 적성산본은 구 황궁 장서각에 소장되어 있다가 1950년 한국전쟁 당시 북한이 가져가 현재 김일성종합대학에 있습니다.

정족산본 1,181책, 태백산본 848책, 오대산본 27책, 기타 여기 저기 흩어져 있는 21책을 포함해 총 2,077책이 일괄적으로 대한민국 국보 151호로 지정되어 있으며, 1997년 10월에 『훈민정음』과 함께 유네스코 세계기록유산으로 등재되었습니다.

직지심체요절

현전하는 세계 최초의 금속활자 인쇄본으로 우리가 최초로 금속활자를 창안, 발전시킨 문화민족임을 공인받게 하는데 결정적인 증거가 된 귀중한 유산입니다. 정식 이름은 『백운화상 초록 불조 직지심체요절白雲和尚 抄錄 佛祖 直指心體要節』이며 '직지심체요절' 또는 '직지'라고 줄여 부르기도 합니다.

고려 말기의 승려 백운화상 경한景閑, 1298~1374이 선禪의 요체를 깨닫는 데 필요한 내용을 뽑아 상, 하 2권으로 엮은 책입니다. '직지심체'란 '직지인심견성성불直指人心見性成佛'이라는 구절에서 따온 것으로 '사람이 마음을 바르게 깨달을 때 그 심성이 바로 부처의 실체'라는 뜻입니다.

이 책은 백운화상이 입적한 3년 뒤인 1377년^{고려 우왕 3년} 7월 청주 교외에 있었던 흥덕사라는 절에서 금속 활자로 찍어낸 첫 인쇄본입니다. 이때 간행된 상, 하 2권 가운데 지금까지 전해지고 있는 것은 하권 1책뿐이며, 현재 프랑스 국립도서관에 소장되어 있습니다. 유출된 경위를 보면 1887년 주한 프랑스 대리공사로서 서울에 근무하던 '콜렝 드 플랑시'라는 사람이 우리나라에서 수집해 갔고, 이것이 1911년 골동품 수집가 앙리 베베르의 수중을 거쳐 사후 그의 상속인에게 넘어가 관리되어 오다가 1950년 프랑스 국립도서관에 기증되어 오늘에 이르고 있습니다. 참고로 이 책은 이전까지 세계 최고最古의 금속 활자 인쇄본으로 알려졌던 독일인 구텐베르크의 1455년판 성서

2001년 유네스코 세계기록유산으로 등재된 직지심체요절 특별 우표. 직지심체요절은 현전하는 세계 최고(最古)의 금속활자본이다. 2005년 발행.

보다 80년 가까이 앞서 인쇄된 것입니다. 2001년 9월 유네스코 세계
기록유산으로 등재되었습니다.

승정원일기

　조선시대의 승정원은 지금으로 치면 대통령 비서실 같은 곳이었
습니다. 이 비서실 일지가 바로 『승정원일기』로 1623년인조 1년 3월부
터 1894년고종 31년 6월까지 272년간의 내용이 기록되어 있습니다. 임
진왜란 등으로 초기의 일기는 대부분 불타 없어지고 현재는 3,243책
만이 남아 있습니다. 주요 내용은 임금이 신하들에게 내린 왕명과 신
하가 임금에게 올린 정책 건의 사항뿐만 아니라 시골에서 올라온 긴
상소문까지 한 글자도 빼지 않고 그대로 기록해 놓았습니다.
　조선 왕조 최대의 기밀 기록인 동시에 사료적 가치에 있어서 『조

2001년 유네스코 세계기록유산으로 등재된 승정원일기 특별 우표. 승정원일기는 2억
4천250만 글자 수라는 세계 최대의 역사 기록물로 유명하다. 2005년 발행.

선왕조실록』,『일성록』등과 함께 우리의 역사와 문화를 세계에 자랑할 만한 유산으로 평가받습니다. 글자 수 2억4천250만 자로 중국 25사3,386책, 약 4,000만 자나 조선왕조실록2,077책, 5,400만 자보다 훨씬 더 방대한 세계 최대의 연대 기록물이라는 사료적 가치를 인정받아 2001년 9월 유네스코 세계기록유산으로 등재되었습니다. 원본은 서울대학교 규장각에 소장되어 있고, 국보 303호입니다.

고려대장경판 및 제 경판

대장경은 석가모니가 일생 동안 설법한 경전과 계율, 그리고 그 내용들에 대해 후대 사람들이 첨부한 논서, 주석서, 이론서들을 집대성한 불교 경전을 모두 모은 것을 말합니다. 해인사에 보관되어 있는 고려대장경 목판은 8만여 개의 경판에 8만4천 개의 법문이 실려 있어 '팔만대장경'이라고도 합니다.

몽골의 침입을 물리치고자 하는 고려인의 염원이 담긴 고려대장경은 1236년부터 제작을 시작하여 1251년에 완성됐습니다. 경판은 모두 8만7천여 장으로 지금도 인쇄할 수 있을 정도로 보존 상태가 생생하며, 총 5,230만 자의 글자 중 틀린 글자가 130자에 불과할 만큼 정교하고 수려한 인쇄 기술을 자랑합니다. 현재 세계에서 가장 오래되고, 가장 정확하고, 가장 완벽한 불교 대장경판으로 산스크리트어에서 한역된 불교대장경의 원본과 같은 역할을 하고 있습니다. 고려시대의 목판 제작 기술을 엿볼 수 있는 귀중한 자료이며, 고려시대 정치, 문화, 사상의 흐름과 면모를 엿볼 수 있는 역사 기록물이기도 합니다.

또 제 경판에는 중국에까지 그 천재성이 알려진 원효의 저술을 포함해 우리나라의 위대한 고승들의 저술과 함께 불교 경전 내용을 그림으로 표현한 판화가 각 시대별로 갖추어져 있어 사료적 가치도 매우 높습니다. 2007년 6월에 세계기록유산으로 등재되었습니다.

조선왕조 의궤

의궤儀軌는 조선 왕실의 주요 행사, 즉 결혼식, 장례식, 연회, 사신 영접 뿐만 아니라 건축물과 왕릉의 조성, 왕실 문화 활동 등을 글과

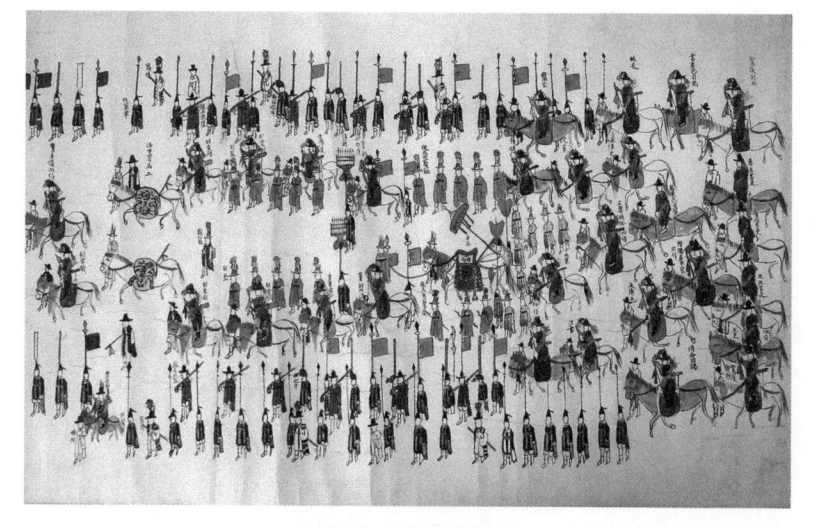

조선왕조 의궤 능행도(부분)

그림으로 정리한 기록물입니다. 특히 화원畵員의 손을 빌려 행사에 쓰인 주요 도구와 행사의 주요 장면을 천연색으로 세밀히 그려 놓았기 때문에 조선 왕조 600여 년의 생활상을 시각적으로 생생하게 이해할 수 있는 귀중한 자료로 평가받습니다. 예를 들어, 정조 임금이 수원 화성을 건설한 뒤 편찬한 『화성성역華城城役의궤』에는 5,000명 노역자의 이름과 거주지, 근무 일수, 품삯까지 일일이 기록되어 있습니다. 또 정조가 1795년에 어머니 혜경궁 홍씨를 모시고 수원 화성에 8일간 행차를 다녀와서 편찬한 『원행을묘정리園幸乙卯整理의궤』에는 임금과 혜경궁 홍씨, 그리고 신하들에 이르기까지 8일간 먹은 음식 메뉴와 재료가 장소별로 상세하게 기록되어 있어 당시 궁중 음식문화를 연구하는데 중요한 자료가 되고 있습니다. 임금 행차의 전 여정을 15.4미터에 걸쳐 표현한 정조의 「능행도陵幸圖」 역시 세계적으로 유례가 없다는 점에서 그 가치와 희소성을 높이 인정받고 있습니다. 서울대 규장각에 보관되어 있으며, 2007년 6월 세계기록유산으로 등재됐습니다.

동의보감

　1613년에 출간된 동양 최고의 의학서로 손꼽힙니다. 편찬자는 조선 최고의 명의로 꼽히는 허준이고, 집필 기간만 꼬박 15년이 걸렸다고 합니다. 당시 임금의 주치의였던 허준은 중국 의학을 벗어나 질병에 대해 끊임없이 조사하고 수많은 임상 실험을 통해 한글로 치료 비법을 정리하여 우리 체질에 맞는 의서로 만든 것이 바로 이 책입니다. 『동의보감』은 중국과 우리나라의 여러 의학 서적을 두루 섭렵, 하나로 집대성했다는 점, 그리고 세계 최초로 일반 백성들이 쉽게 활용할 수 있도록 편찬된 종합 의서라는 점에서 그 가치를 높이 인정받아 2009년에 세계 기록유산으로 등재됐습니다. 국립중앙도서관 및 장서각에 소장되어 있습니다.

일성록

『일성록日省錄』은 조선 영조 즉위 36년인 1760년부터 1910년까지의 국정 전반을 기록한 왕의 일기로 총 3,243책이 남아 있습니다. 조선 후기의 개혁 군주 정조가 세손 시절 매일 매일 반성하면서 살겠다

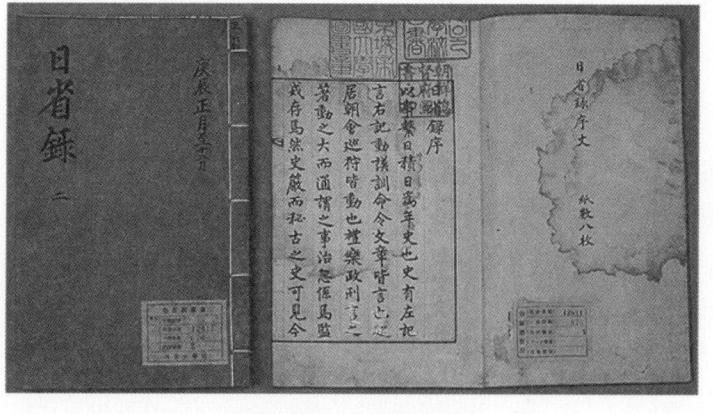

조선 임금의 일기책인 일성록

는 뜻으로 기록하기 시작했으며, 임금이 된 뒤에도 중단하지 않고 계속 기록해 그다음 임금, 또 그다음 임금으로 이어지며 조선 말기까지 계속된 일기입니다. 임금의 하루 생활을 이 책처럼 상세하게 기록한 책은 달리 없다는 점, 그리고 전제 군주국의 왕이 그날의 국정을 반성하기 위해 집필했다는 점에서 세계적으로 유례가 드문 기록물로 평가받아 2011년 5월 유네스코 세계기록유산으로 등재되었습니다. 서울대학교 규장각에 보관되어 있으며, 국보 153호입니다.

5·18 민주화운동 기록물

1980년대 한국의 민주화는 필리핀, 태국, 베트남 등 아시아 여러 나라의 민주화운동에 커다란 영향을 주었습니다. 특히 광주 민주화운동은 진상 규명, 책임자 처벌, 명예 회복, 피해 보상, 기념사업 등의 5대 원칙이 모두 관철되었다는 점에서 다른 여러 나라에 좋은 선례를 남겼지요. 5·18 민주화운동 기록물은 이와 관련된 모든 기록들로 광주 민주화운동의 발발과 진압, 그리고 이후의 진상 규명과 보상 등의 과정과 관련된 정부, 국회, 시민단체 그리고 미국 정부 등에서 생산한 방대한 자료를 모두 포함하고 있습니다. 현재 한국 국가기록원 외 여러 정부 부처 및 관련 단체에 흩어져 있으며, 2011년 5월에 유네스코 세계기록유산으로 등재됐습니다.

난중일기

한국 최고의 영웅으로 평가되는 이순신[1545~1598] 장군이 임진왜란을 치르면서 진중에서 직접 쓴 친필 일기입니다. 모두 8권으로 1592년 1월 임진왜란 발발부터 1598년 11월, 노량해전에서 전사하기 직전까지 7년 동안의 일기가 기록되어 있습니다.

『난중일기』는 이순신 장군 개인의 일기이지만, 전장 기록물이라고도 할 수 있습니다. 또한 전투 상황에 대한 상세한 기록뿐만 아니라 당시의 기후나 지형, 일반 서민들의 삶에 대한 기록도 전하고 있어 당시의 자연 지형 및 환경, 서민의 생활상에 대한 중요한 연구 자료로도 활용되고 있지요. 군더더기 없는 깔끔한 문장과 함께 '한산섬 달 밝은 밤에……'로 시작되는 다수의 시[詩]도 삽입되어 있어 문학사적 가치도 매우 높습니다. 문화재청 현충사관리소에서 소장하고 있고, 2013년에 세계기록유산으로 등재됐습니다.

새마을운동 기록물

대한민국 정부와 국민이 1970년부터 1979년까지 추진한 새마을운동 과정에서 생산된 대통령의 연설문과 결재 문서, 행정 부처의 새마을 사업 공문, 마을 단위의 사업 서류, 새마을 지도자들의 성공 사례 원고와 편지, 시민들의 편지, 새마을 교재, 관련 사진과 영상 등의 자료를 말합니다. 1950~1960년 당시 세계에서 가장 가난한 나라에

속했던 대한민국이 새마을운동을 통해 빈곤 퇴치, 농촌 개발, 경제 발전 등을 이룩한 모습을 담아낸 기록유산이라고 할 수 있습니다. 지금도 그때의 새마을운동을 본받아 18개국 157개 지역에서 새마을 사업이 전개되고 있는데, 새마을운동 기록물은 그 학습 자료로도 유용하게 활용되고 있다고 합니다. 새마을운동중앙회가 소장하고 있고, 2013년에 세계기록유산으로 등재됐습니다.

한국 유교책판

말 그대로도 조선 선비들의 저작물 혹은 유교 관련 책을 찍어내기 외한 목판입니다. 15세기 후반부터 20세기 초반까지 조선시대 유학자들의 저작물을 간행하기 위해 나무에 새겨 만든 것이지요. 우리나라의 305개 문중에서 기탁한 것들로 718종 64,226장으로 구성되어

한국 유교책판의 유네스코 세계기록유산 등재에 즈음해 문화재청이 언론에 공개한 경북 안동시 한국 국학진흥원 내 장판각 모습과 책판 견본. 305개 문중에서 기탁한 718종 64,226장의 목판이 보관되어 있다. 수집 전 이 목판들 중 상당수는 아궁이 속에서 땔감으로 불타 없어지거나 빨래판으로 쓰이기도 했다고 한다.

있습니다. 내용은 유학자의 문집, 성리학 서적, 족보·연보, 예학서禮
學書, 역사서, 지리지 등이며, 경북 안동에 있는 한국국학진흥원이 보
존·관리하고 있습니다.

'KBS 특별생방송 이산가족을 찾습니다' 기록물

1983년 6월 30일부터 11월 14일까지 무려 138일에 걸쳐 453시간
45분 동안 생방송으로 진행된 세계 최장 생방송이었습니다. 무려
100,952건이 신청됐고, 53,536건의 이산가족 사연이 방송에 소개됐으
며, 총 10,189건의 상봉이 이루어졌지요. 이에 대한 일체의 기록이 유

1983년 'KBS 특별생방송 이산가족을 찾습니다' 방송 당시 이산가족을 찾기 위해 방송국 입구에 써
붙인 애타는 사연의 쪽지들. 영상 기록물이 세계기록유산으로 등재된 전례는 많지만 하나의 방송 프
로그램을 담은 기록물이 단독으로 세계기록유산이 된 것은 이산가족 찾기 관련 기록물이 처음이다.

네스코 세계기록유산으로 지정된 것입니다. 내용물은 방송 비디오테이프, 담당 프로듀서의 업무 수첩, 이산가족이 작성한 신청서, 일일 방송 진행표, 큐시트, 기념 음반, 사진 등 20,522건의 자료입니다.

잠깐! 이런 것도

유네스코 세계문화유산

유네스코 세계문화유산, 이것을 일종의 국가 자존심 문제로 생각하는 사람이 많습니다. 많으면 문명국, 적으면 야만국으로요. 그 정도까지는 아니지만 아무튼 많이 있는 나라들 어깨에 힘이 들어가는 것만은 사실입니다. 2015년 일본이 조선인 강제 징용의 현장이었던 하시마端島, 일명 '군함도' 탄광, 나가사키 조선소 등 23개의 메이지 시대 근대 산업 시설을 세계문화유산에 등재하기 위해 국제적 비난 여론을 무릅쓰고 외교 총력전에 나섰던 이유도 바로 이것입니다.

유네스코 웹사이트에 따르면 2014년 6월 현재 세계유산으로 지정된 것은 161개국에 1,007점입니다. (2015년에도 몇 곳이 지정되었으니 좀 더 늘어났겠지요). 그중 문화유산이 779곳, 자연유산 197곳, 문화유산과 자연유산이 함께 있는 복합유산이 31곳입니다. 국가별로는 이탈리아(50), 중국(47), 스페인(44), 독일(39), 프랑스(39)가 '톱5'입니다.

한국은 11개였는데, 2015년 7월 백제 역사 유적지가 추가로 지정됨으로써 모두 12개가 됐습니다. 북한에도 고구려 고분군과 개성 역사 유적지 등 2개의 세계유산이 있습니다. 이웃 일본은 2013년 현재 자연유산 4곳, 문화유산 13곳 등 모두 17개의 세계유산을 가지고 있다가 2015년, 메이지 시대 근대 산업 시설이 논란 끝에 결국 문화유산으로 지정됨으로써 모두 18개가 되었네요.

　　참고로 2015년 현재 유네스코에 등재된 우리의 문화유산은 모두 11개로 ① 해인사 장경판전, ② 서울 종묘, ③ 석굴암·불국사, ④ 창덕궁, ⑤ 수원 화성, ⑥ 고창·화순·강화 고인돌 유적, ⑦ 경주 역사 유적지구, ⑧ 조선 왕릉, ⑨ 경상북도 하회와 양동 역사마을, ⑩ 남한산성, ⑪ 백제 역사 유적지구가 세계문화유산입니다. 이들 11개 외에 세계자연유산인 제주 화산섬과 용암동굴까지 합쳐서 우리나라는 모두 12개의 세계유산을 가지고 있습니다.

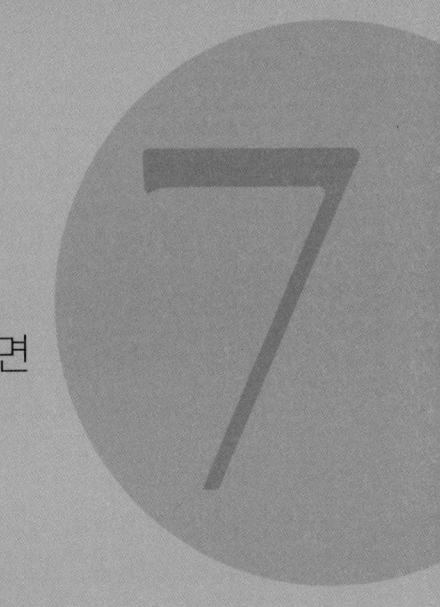

일곱 번째 장면

천주교 · 기독교의 전래와 부흥

천주교, 새 세상을 보여주다

먼저 용어부터 정의하고 들어가겠습니다. 우리나라에서 보통 '기독교'라 하면 개신교를 지칭하는 경우가 많지만 엄밀히 말하면 천주교와 개신교 다 합쳐서 부르는 말입니다. '기독基督'이란 말은 '크라이스트Christ-그리스도'의 한자 음역인 '기리사독基利斯督'에서 왔습니다. 따라서 예수를 믿는 종교는 모두 기독교이고 예수를 믿는 사람은 그리스도인, 즉 '기독교인'이라고 할 수 있습니다. 그렇게 보면 개신교, 가톨릭, 그리스정교, 성공회 등이 모두 기독교라고 할 수 있겠죠. 이 책에서는 관례에 따라 개신교를 '기독교'로, 가톨릭은 '천주교'로 지칭하기로 하겠습니다. 개신교 역시 교파에 따라 장로교, 감리교, 침례교 등으로 더 세분화할 수도 있지만 그렇게까지는 구분하지 않고 천주교와 명확히 구분할 필요가 있을 때만 기독교 대신 '개신교'로 부르겠습니다.

한국 천주교회 통계에 따르면, 우리나라의 천주교 신자는 2014년 현재 556만 명입니다. 성당은 전국에 700여 개가 있고, 성직자와 수도자도 5천여 명이 된다고 합니다. 이렇게 교세가 커진 것은 1970~1980년대 이후 활발한 사회 참여와 민주화운동 등에 대한 기여로 국민들의 호감도가 크게 높아진 게 원인이라고들 합니다.

하지만 이렇게 천주교가 우리나라의 대표적인 종교가 되기까지는 이루 말할 수 없는 박해와 눈물의 역사가 있었습니다. 이는 세계 어디와도 다른 한국 천주교만의 독특한 역사이자 세계인이 놀라는

한국 천주교회 전래 200주년 기념우표. 한국 천주교는 1784년 이승훈이 북경에서 교리 공부를 하고 최초로 영세를 받고 돌아옴으로써 본격적으로 전파되었다.

우리 역사의 한 부분이기도 합니다.

첫째, 한국 천주교는 서양 선교사의 도움 없이 자생적으로 뿌리를 내렸다는 것입니다. 처음 선비들이 먼저 중국으로부터 교리서를 구해 읽고, 이를 연구하면서 자생적으로 천주교 신자가 되었고, 이렇게 평신도들이 먼저 교회 공동체를 꾸린 뒤 나중에 성직자를 영입한 나라는 천주교 선교 역사상 오직 우리나라뿐이었습니다.

둘째, 100여 년의 비교적 짧은 시간에도 세계 기독교 역사상 유례가 없을 만큼 많은 순교자를 냈다는 것입니다. 1801년 신유박해, 1839년 기해박해, 1846년 병오박해, 1866년 병인박해로 이어지는 혹독한 탄압 속에서 1만 명 이상이 오로지 천주교 신자라는 이유로 목숨을 잃었습니다.

셋째, 그렇게 박해를 받으면서도 천주교 신자들은 끝까지 신앙을 지키고 마침내 세계에 유례가 없을 정도로 빠르게 성장하면서 이 땅의 주요 종교로 확고하게 자리 잡았다는 점에 대해 세계인들이 다시 한 번 깜짝 놀라는 것입니다.

1984년 한국 천주교회 창립 200주년 기념식 집전을 위해 당시 교황 요한 바오로 2세가 한국을 방문했을 때 '순교자의 땅'이라고 말하며 가장 먼저 땅바닥에 입을 맞춘 것은 한국 천주교의 이런 특별함에 대한 감동의 표현이었습니다. 또 30년 뒤인 2014년 여름 프란치스코 교황도 한국을 방문했을 때 한국 천주교의 '위대한 역사'에 대해 경의를 표시했었습니다.

그렇다면 천주교가 어떻게 해서 이 땅에 전래됐고, 어떻게 우리 백성들의 삶을 바꾸어 나갔는지 조금 더 자세히 살펴보겠습니다.

우리나라에 맨 처음 천주교가 발을 디딘 것은 16세기 말인 임진왜란 때였습니다. 당시 왜군을 수행해 조선에 들어온 포르투갈 예수회 소속 세스페데스 신부가 굶주림으로 죽어 가는 조선인 고아와 부녀자들을 극진히 돌보았다고 하는데, 이것이 한반도에서는 처음으로 천주교와 접한 기록입니다. 이후 17세기 초에는 사신들이 중국에서 들여 온 『천주실의』와 세계 지도 등을 통해 서양 세계에 눈을 뜨기 시작했습니다. 『천주실의天主實義』는 1603년 예수회 소속 이탈리아 신부였던 마테오 리치가 한문으로 저술한 천주교 교리서로 동북아 유교 문화권에 처음으로 가톨릭을 소개한 책입니다. 1614년광해군 6년에 간행된 이수광의 『지봉유설』은 중국, 일본, 안남베트남, 유구오키나와는 물론 유럽까지 소개해 당시 선비들의 세계관을 크게 확대시켰습니다. 그렇게 양반 지식인들 사이에 서양 학문, 즉 서학西學에 대한 관심이 크게 높아졌는데 이것이 자연스럽게 천주교에 대한 관심으로 이어졌다고 할 수 있습니다. 이벽, 권철신-일신 형제, 정약전-약종-약용 3형제, 이승훈 등이 천주교 신자가 된 것도 모두 그런 과정이었습니다.

한국 천주교 역사에서 가장 큰 획을 그은 것은 조선인 최초의 영세자 이승훈이었습니다. 그는 1783년에 청나라 사신인 동지사 일행을 따라 북경에 갔다가 프랑스 신부 그라몽으로부터 교리를 배우고, 그 이듬해인 1784년에 조선인으로서는 처음으로 영세를 받고 '베드로'라는 영세명세례명을 얻어 귀국했습니다. 그는 또 조선으로 돌아올 때 많은 천주교 서적들을 가지고 왔을 뿐만 아니라, 조선에 천주교회를 세우는데도 결정적으로 기여했습니다. 또한 1785년 봄에는 지금의 명동성당 인근에 있던 역관 김범우의 집에서 주일 행사를 거듭하며 예배당을 세웠는데, 이것이 우리나라 최초의 천주교 예배당이었습니다.

하지만 그때까지만 해도 조선에는 천주교 성직자가 한 명도 없었습니다. 이에 조선 천주교 신자들은 북경 교구에 여러 차례 성직자의 파송을 간청했으며, 마침내 1795년에 북경교회 소속 청나라 신부 주문모가 최초의 외국인 신부로 조선에 부임하게 되었습니다. 주문모 신부 부임 이후 조선의 천주교 신자는 1만 명에 이를 정도로 교세가 신장되었습니다. 하지만 천주교의 갑작스러운 부흥은 집권 세력에 불안감을 주었고, 결국 대대적인 박해를 불러오고야 말았습니다. 표면적인 박해의 빌미는 천주교 신자들은 당시 유교적 가치관 속에서 가장 중요시하던 조상에 대한 제사를 미신으로 여겨 배척한다는 것이었습니다. 하지만 더 큰 이유는 따로 있었습니다. 당시 조선은 유교적 이념에 입각한 관존민비, 사농공상의 철저한 신분 계급 사회였습니다. 그런데 천주교의 가르침은 하느님 앞에서 인간은 누구나 평등하며 모두가 하느님의 자녀로서 한 형제자매라는 것이었습니다. 이러한 생각은 당시 양반과 천민, 남자와 여자라는 엄격한 신분 질서를 뿌리째 흔드는 위험한 사상이었던 것이지요. 그런 이유로 조선 조정에서는 어떻게든 천주교의 전파를 막아야 한다고 생각했던 것입니다.

박해와 부흥

대대적인 박해의 역사는 1801년 신유박해로부터 시작됩니다. 이때 조선 최초의 영세자 이승훈을 비롯해 300여 명의 신도가 죽임을 당했습니다. 또 최초의 외국인 신부였던 주문모 신부가 이때 순교했습니다. 하지만 천주교는 여기에 좌절하지 않았습니다. 1836년 모방 신부가 들어와 다시 조직을 추스르고 전도에 나서는 한편 김대건, 최양업 등 조선 청년을 뽑아 마카오로 유학까지 보냈습니다. 이어 1837년에는 샤스땅 신부와 앵베르 주교가 차례로 입국하여 조선 땅에서 선교 활동을 펼침으로써 천주교 신자는 다시 9천 명을 넘어서게 되

서울 양화대교 북쪽 강변북로에 있는 절두산 순교 성지. 1866년 병인박해 때 천주교 신자 1만 여명이 희생된 순교의 현장이다.

었습니다. 하지만 조정에서는 1839년에 다시 대대적인 천주교 신자 단속을 펼쳐 모방, 샤스땅, 엥베르 등 3명의 프랑스 신부와 200여 명의 신자들을 처형합니다. 이것이 기해박해입니다.

천주교가 이렇게 모진 박해를 받고 있던 중에도 마카오로 유학 간 김대건은 1845년 중국 상하이에서 페레올 주교에게 사제 서품을 받음으로써 최초의 한국인 신부가 됩니다. 하지만 사제 서품 후 바로 귀국한 김대건 신부는 1년도 채 안 되어 체포된 후 순교하고 맙니다. 그래도 들불처럼 번져 나가는 천주교의 교세를 막을 수는 없었습니다. 철종 때에 이르면 천주교는 4대 주교인 베르뇌 신부와 메스뜨르 신부, 최양업 신부 등이 잇달아 조선에 들어오고 교인 수는 1만2천여 명에 이르게 됩니다. 1856년에는 충청도 제천군 풍양면에 한국 최초의 베른신학교가 세워졌으며, 1865년에는 신도가 2만3천여 명이 넘을 정도로 교세가 커졌습니다.

그럼에도 수난은 아직 남아 있었습니다. 고종의 아버지 홍선 대원군은 쇄국 정책을 펼치면서 서양 종교인 천주교에 대해서도 대대적인 박해를 가했던 거죠. 대원군의 박해로 선교사 9명과 신도 800여 명이 목숨을 잃었는데, 이 사실은 곧 중국 텐진에 정박 중이던 프랑스 함대에 전해졌고 이를 항의하기 위해 프랑스 함대가 강화도 해역으로 급거 출동, 양화진까지 올라왔다가 물러나기도 합니다. 이것이 조선과 프랑스의 충돌이었던 1866년의 병인양요입니다.

프랑스의 침입에 격분한 홍선 대원군이 양화나루 옆의 봉우리인 잠두봉에 형장을 설치해 천주교 신자들을 대대적으로 처형하게 했는데, 1만여 명의 천주교 신자들이 이곳에서 참수형으로 목숨을 잃었습니다. 이것이 병인박해입니다. 당시 천주교 신자들의 잘린 목은 한강에 던져졌고, 머리가 산을 이루었으며 한강물은 핏빛으로 변했다고 전해집니다. 그래서 그곳은 훗날 '절두산'이라는 이름이 붙었으며, 지금은 천주교 절두산 순교 성지가 되어 있습니다.

대원군이 물러나고 명성황후^{민비}가 득세하자 조선의 정책은 쇄국에서 개방으로 바뀌게 됩니다. 그 결과 조선은 1876년 일본과 '병자수호조약^{강화도조약}'을 맺고 마침내 개국을 선언하게 되었습니다. 이때부터 청나라에 머물던 프랑스 신부들이 대거 입국하면서 천주교 선교는 다시 활발해지게 됩니다. 이후 1882년에 '한·미수호조약'이 체결되면서 선교의 자유는 조금 더 열렸으며, 1886년에 '한·불수호조약이 체결되면서 비로소 완전한 선교 활동의 자유를 보장받게 되었습니다.

그렇다면 천주교의 그 많은 순교가 도대체 우리 역사에서 어떤 의미가 있을까요? 단순히 생각하면 순교란 자신이 믿는 신앙에 대한 믿음을 지키기 위해 목숨을 버린 것 이상도 이하도 아닐 수 있습니다. 하지만 당시 조선이라는 시대 상황에서 천주교 신자들의 순교는 그것 이상의 역사적, 사회적 의미가 분명히 있었습니다. 그것은 전근대적인 사상 통제와 신분제 사회 질서에 대해 죽음을 불사하며 항거한 도전이었습니다. 나아가 인간의 양심과 사상의 자유를 향한 처절한 저항이었다는 사실입니다. 역사의 수레바퀴는 언제나 그런 저항과 희생 속에 조금씩 앞으로 나아가는 것입니다. 조선 사회도 다르지 않았습니다. 결국 천주교 신자들의 희생을 통해 조선 사람들은 개인의 존엄과 인격의 위대함에 조금씩 눈을 뜨기 시작했고, 이것이야말로 한국 천주교가 우리 역사에서 갖는 중요한 의미라고 해야 할 것입니다.

한국 천주교 역사의 주요 인물

이승훈(李承薰, 1756~1801) : 한국 최초의 천주교 신자로 영세명은 베드로입니다. 1783년 청나라 사신으로 파송된 부친을 따라 북경에 갔다가 예수회 루이 드 그라몽 신부에게 영세를 받고 천주교 교리 서적과 십자고상+字苦像을 가지고 귀국했습니다. 두 번의 배교 끝에 다시 교회에 돌아와 1801년 신유박해 때 순교했습니다.

이벽(李蘗, 1754~1785) : 조선 천주교회 창설의 주역으로 정약전, 정약용 형제와 함께 경기도 광주 천진암에 모여 서학을 연구했고, 독학으로 교리를 익혀 신자가 되었습니다. 이승훈을 중국 북경으로 보내 세례를 받게 하는 실질적 역할을 했으며, 1784년 북경에서 돌아온 이승훈에게 권일신, 정약용 등과 함께 세례를 받았습니다. 이는 조선에서 거행된 최초의 세례식으로 이때를 한국 천주교회의 출발점으로 간주합니다. 동료들과의 접촉을 막으려 했던 부친에 의해 가택연금되었다가 숨졌습니다.

김대건(金大建, 1821~1846) : 한국 천주교 최초의 신부로 세례명은 '안드레아'이며, 1836년 프랑스 신부 모방에게서 세례를 받고 예비 신학생으로 선발되어 마카오로 가서 신학을 공부했습니다. 1845년 10년 만에 귀국해 잇단 박해로 흩어진 천주교회를 재수습한 이후 다시 상하이로 건너가 페레올 주교로부터 사제 서품을 받고 우리나라 최초의 신부가 되었습니다. 1846년 5월 서양 성직자 잠입 해로를 개척하다 체포되어 새남터에서 25세의 나이로 순교했습니다. 충남 당진의 솔뫼성지는 김대건 신부가 태어난 곳입니다.

주문모(周文謨, 1752~1801) : 청나라 신부이며, 한국 땅에 들어온 최초의 외국인 신부로 기록되어 있습니다. 베이징 신학교를 졸업하고 1795년 한양에 들어와 정약종, 황사영 등 조선 천주교 신자들을 만나게 됩니다. 이후 조정의 극심한 천주교 탄압 속에서도 숨어 다니며 꾸준히 전교 활동을 펼친 덕에 천주교 신자는 1만 명까지 늘어나게 되지만, 1801년 신유박해 때 순교하였습니다.

황사영(黃嗣永, 1775~1801) : 초기 천주교 순교자로 '황사영 백서 사건'으로 유명합니다. 정약전의 조카사위로 1795년 주문모 신부를 만난 뒤 그의 측근 인물로 활동하였으며, 1801년 신유박해가 일어나자 제천 배론 산중으로 피신하여 조선 교회의 참상과 교회의 재건책을 북경 주교에게 호소하는 장문의 편지를 썼는데 이것이 '황사영 백서'입니다. 하지만 이 편지는 중간에 발각되었고, 황사영은 대역죄로 체포되어 1801년 서소문 밖에서 능지처참을 당했습니다. 이 사건 이후 조선의 천주교 박해는 더욱 심해지게 됩니다. 한편 황사영은 천주교 순교자인 동시에 선교 자유를 위해 청나라로 하여금 조선을 부마국으로 삼아야 한다는 등의 백서 내용 때문에 지금도 '민족 반역자'라는 논란에 휘말려 있습니다.

기독교, 이 땅을 변화시키다

「광화문 연가」라는 대중가요가 있습니다. 가수 이문세가 불렀는데 아련한 첫사랑을 떠올리게 하는 가사와 곡으로 중년 이후의 사람들에게 많은 사랑을 받았던 노래이지요. 가사 중에 이런 부분이 나옵니다.

"이제 모두 세월 따라 흔적도 없이 변하였지만 / 덕수궁 돌담길엔 아직 남아 있어요 / 다정히 걸어가던 연인들 / 언젠가는 우리 모두 세월을 따라 떠나가지만 / 언덕 밑 정동 길엔 아직 남아 있어요 / 눈 덮인 조그만 교회당……"

노래에 나오는 정동 길의 눈 덮인 조그만 교회당은 바로 서울의 정동제일교회를 말합니다. 미국 감리교에서 파송한 아펜젤러 선교사가 1885년에 세운 한국 최초의 감리교회입니다.

정동 일대에는 또 이 교회뿐만 아니라 우리나라 개신교 초창기의 선교 역사를 두루 보여주는 유서 깊은 사적지들이 많이 있습니다. 1928년에 완공된 구세군사관학교 건물과 1926년에 헌당된 대한성공회 서울대성당이 있고요, 정동에서 걸어서 얼마 되지 않는 신문로 1가에는 한국 최초의 장로교회인 새문안교회도 있습니다. 아, 우리나라 최초의 근대식 교육기관이었던 배재학당 자리도 바로 인근에 있네요. 이렇게 정동 일대는 여러 교회당을 비롯한 개화기 역사의 향기

1887년에 건축된 한국 최초의 감리교회인 서울 정동제일교회의 옛 모습.

가 배어 있는 기독교 명소들이 많습니다. 이는 곧 개신교는 이 땅에 처음 들어왔을 때부터 우리 생활에 깊숙이 영향을 끼쳤다는 말이기도 합니다.

하지만 일반인들이 기독교에 대해 느끼는 인식은 별로 그렇지가 않은 것 같습니다. 우리 역사에 기독교가 끼친 역할과 영향이 결코 작지 않았음에도 그것을 드러내놓고 인정하거나 이야기하기를 꺼려하는 사람이 더 많습니다. 왜 그럴까요?

역사란 현재와 과거의 대화라고 했던 유명한 역사가 E. H 카의 말에서 그 대답의 실마리를 찾을 수 있을 것 같습니다. 무슨 말인가 하면, 현재 기독교에 대한 비기독교인들의 인식이 그다지 호의적이지 않기 때문에 과거의 긍정적 역할까지 제대로 평가받지 못하고 있다는 말입니다. 이렇게 된 데에는 물론 기독교 자체의 잘못도 있을 것입니다. 그 잘못이란 1970~1980년대의 시대적 소명이었던 민주화 과정에서 일부 기독교 지도자들이 불의에 항거하며 독재에 맞서기보다는 조찬기도회다 뭐다 해서 정권의 편에 서서 영달을 꾀한 것이 대표적인 예일 것입니다. 게다가 툭하면 터져 나오는 일부 기독교인의 비도덕적 일탈 행위도 그렇고, 유독 한국 기독교에만 강하게 남아 있는 무시무시한 배타주의, 과도한 물량주의로 일반 국민의 반감을 산 것도 문제였습니다. 또 어떤 분들은 대부분 초기 선교사들이 헌신과 희생으로 봉사했던 것과 달리 일부는 제국주의 침략을 방조하거나 앞장서서 도왔다는 사실도 지적합니다.

이런 부분들은 기독교를 이해하는 많은 분들의 애정 어린 지적인 만큼 현재 한국 기독교가 반드시 새겨들어야 할 부분이겠지요. 그렇다고 해서 우리 역사에서 한국 기독교가 보여준 역할과 성과가 평가절하 되어서는 안 된다고 생각합니다. 한국 기독교의 놀라운 부흥은 그 자체로 세계인이 깜짝 놀라는 우리 역사의 한 부분이고, 나아가 그런 기독교 부흥이 우리 사회의 변화와 발전을 이끌어 온 중요한 동력이었기 때문입니다.

기독교는 종교입니다. 종교는 사람의 정신을 바꿔 놓습니다. 정신이 바뀌면 행동이 바뀌고, 행동이 바뀌면 습관이 바뀌고, 습관이 바뀌면 그 사람의 운명까지 바뀝니다. 기독교의 가장 큰 미덕은 그것을 신앙으로 받아들인 사람들의 정신과 행동, 나아가 운명까지 바꿔 놓는다는 것입니다. 한국 기독교가 그랬습니다. 19세기 말에 처음 들어왔을 때부터 기독교는 자유와 평등, 희생과 봉사 정신으로 기존 사회를 완전히 다른 사회로 바꾸어 놓았습니다. 무엇보다 서양 의료

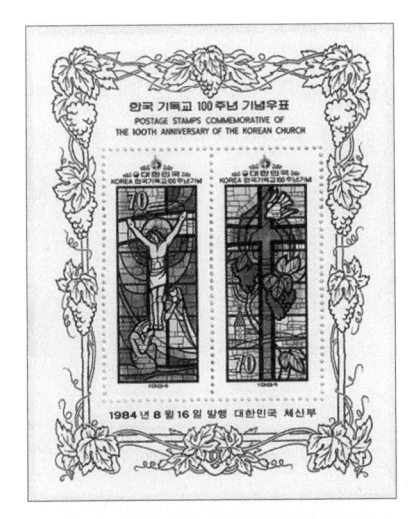

1984년에 발행된 한국 기독교 전파 100주년 기념우표. 우리나라의 기독교는 1884년 미국 북장로회 선교사 알렌이 주한 미국공사관 의사로 일하기 시작함으로써 공식 시작됐다.

와 교육 등 근대 문화 전파에 큰 영향을 끼쳤습니다. 또 남녀평등 사상과 민주적 노동 가치관 확립에 이바지했으며, 구한말 애국 계몽운동을 이끈 지도자들 역시 대부분 기독교인들이었습니다. 또 당시 사회에 만연해 있던 음주와 도박, 축첩과 간음 등 구질서 속의 구조적 모순을 개혁하는 데에도 앞장을 섰습니다.

교회를 통해 배출된 인재들이 우리 사회를 이끌어 갔다는 점도 빼놓을 수 없습니다. 특히 일제 강점기에는 수많은 독립운동가들이 교회를 통해 배출되었으며, 6.25전쟁 후에는 교회가 국민을 위로하며 희망을 불어넣는 데에도 큰 역할을 했습니다. 군사독재 시절에는 정권을 옹호한 기독교인도 있었지만 민주화운동 및 통일운동에도 많은 기독교 인사들이 주역이 되었습니다.

기독교가 우리 역사에서 보여준 또 다른 기여는 한글 대중화에 대한 공로입니다. 초창기 외국 선교사들은 어떻게든 빨리 한국말을 배우려고 했는데 그러기 위해서는 한글도 공부하고 문법도 정리해야 했습니다. 그러면서 우리말 어휘를 열심히 수집해 각종 사전까지 편찬했습니다. 또한 한글을 체계적으로 배우고 가르치기 위한 문법

1995년에 발행된 대한성서공회 창립 100주년 기념우표. 1877년 스코트랜드성서공회의 존 로스 목사는 이응찬, 서상륜 등과 함께 우리말 성서 번역에 착수해 1882년(고종 19년)에 최초의 한글 성경을 출간했다. 그 후 1895년에 대영성서공회(大英聖書公會) 조선 지부가 설립되었고, 1947년에 대한성서공회로 인가 받아 오늘에 이르고 있다.

책도 선교사들이 앞장서서 만들었습니다. 결정적인 것은 우리말 성경 번역과 한글 성경책 발행이었습니다. 신구약 성경 전체가 한글로 번역된 것은 1911년이었는데, 총 2,174쪽에 94만여 자를 수록한 『성경전서』가 그것입니다. 이 성경책은 세종대왕의 한글 창제 이후 한글이 이 책만큼 풍부한 어휘와 활자로 표현된 적이 없었을 만큼 중요한 의미를 지닙니다. 중세 라틴어로만 되어 있던 성서가 쿠텐베르그 인쇄술 발명 이후 독일어로 번역 출판되면서 종교 개혁의 배경이 되고 나아가 독일어를 비약적으로 발전시킨 것과 같은 맥락입니다.

이렇게 기독교가 우리 역사 발전에 끼친 영향이 지대했음에도 우리 사회는 그 역할과 평가에 대해서는 너무 인색합니다. 예를 들어 역사 교과서에도 천주교 부분은 그 전래와 박해, 영향 등이 비교적 소상하게 반영되고 있지만 기독교의 활동과 역할에 대해서는 그것이 이룬 사회적 성과와 역사적 의미에 비해 다소 소홀히 취급된 면이 있다는 것입니다.

책의 서두에서도 이야기했지만 역사는 너무 미화되어서도 안 되지만 있었던 사실조차 제대로 언급하지 않는 것도 왜곡입니다. 우리가 일본의 역사 왜곡에 그토록 분개하는 이유도 위안부나 한국인 강제 징용 등 분명히 있었던 역사적 사실조차 일본이 모른 척 외면하고 있기 때문입니다. 그런 점에서 불교나 천주교는 물론 기독교가 우리 역사에 끼친 영향에 대해서도 제대로 인정해야 합니다. 이것이 우리 역사를 바르게 인식하는 성숙한 시민의 자세일 것입니다.

기독교와 시대정신

한국 기독교의 처음이 언제였는지에 대해서는 학자에 따라 여러 설들이 있습니다. 하지만 대체로 조선 정부로부터 선교 활동이 공식 인정된 해인 1885년을 한국 기독교의 출발로 봅니다. 즉 미국 감리교 와 장로교 선교사인 아펜젤러와 언더우드가 인천 제물포항을 통해 입국한 1885년 4월 5일을 기독교가 한국에 첫발을 내디딘 날로 보는 것이지요. 물론 그 이전인 미국 북장로교 의료 선교사였던 알렌이 미 국 공사관 공의로 파견된 1884년을 한국 기독교의 시작으로 보는 관 점도 있습니다. 또 이보다 훨씬 이전, 많은 선교사들이 중국과 일본 을 오가는 한인들을 상대로 기독교 복음을 전하기도 했고, 조선 땅에 발을 내딛다가 순교를 당한 이도 있었기 때문에 한국의 기독교 역사 는 훨씬 더 거슬러 올라가야 한다고 주장하는 사람도 있습니다. 그렇 지만 한국 기독교는 천주교보다는 100년 이상 나중에 들어왔다는 것 만은 분명한 것 같습니다.

기독교가 획기적인 선교 기회를 갖게 된 계기는 1884년 11월에 일어난 갑신정변이었습니다. 당시 보수파의 거두이며 조정의 실력자였던 민영익이 중상을 입어 위독한 상태에 빠졌는데 미국 북장로회 소속 의료 선교사였던 알렌이 외과 수술로 살려낸 것입니다. 이 일로 조정의 신임을 크게 얻은 알렌은 고종에게 건의해 1885년 4월 10일 한국 최초의 서양식 병원인 왕립 광혜원을 설립하였습니다. 광혜원은 공식적으로는 병원이었지만 동시에 한국 땅에 세워진 최초의 프로테스탄트 선교기관이었다고 볼 수 있습니다. 광혜원은 얼마 뒤 '제중원'으로 이름이 바뀌고 이는 다시 현재 세브란스병원의 뿌리가 됐습니다.

　　한편 한국 최초의 선교사는 언더우드장로교와 아펜젤러감리교로 기록되어 있습니다. 이들은 1885년 4월 5일 부활절 날 인천 제물포에 동시에 도착했다는 점이 신기합니다. 아펜젤러는 한국에 오자마자 영어 배우기를 원하는 학생들을 모아 1885년 서울 정동에서 학교를 시작했는데, 이것이 한국 최초의 신식 학교였던 배재학당입니다. 또 1886년에는 같은 감리교 여자 선교사 메리 스크랜턴도 여성들을 위한 신식 학교를 열었는데, 이것이 최초의 근대적 여성 교육기관인 이화학당입니다. 현재 이화여대의 전신이지요. 또 같은 해 언더우드는 고아들을 모아 기숙학교를 열었는데, 이것이 오늘날 경신중고등학교의 전신인 경신학교의 시작입니다. 경신학교는 배재학당과 더불어 신문화의 선도적 역할을 담당하였는데, 독립운동가 김규식, 안창호 등이 경신학교 출신입니다. 이후 1915년에는 경신학교에 대학부가 생겼는데, 이것이 나중에 연희전문학교가 되고 지금의 연세대학

미국 북장로회의 언더우드(왼쪽) 선교사와 미국 감리회의 아펜젤러 선교사. 이들은 인천 제물포항에 들어와 함께 복음을 전파하기 시작했다. 초기 기독교 선교사들은 복음 전파는 물론 의료, 교육, 남녀평등 의식 제고 등으로 조선 사회 발전에 크게 기여했다.

교로 발전했습니다.

그밖에 정신, 숭실, 숭의, 계성, 보성, 신흥, 기전, 신명, 정명, 매산 등 전국에 기독교 학교들이 잇따라 설립되었으며, 이들 학교는 오랜 기간 민족 지도자들을 배출해 내며 반일 민족구국운동의 요람으로 자리매김했습니다. 이처럼 기독교는 고등교육기관 설립에 적극적이었습니다. 뿐만 아니라 사회 각성과 민족의 각성을 강조하며 초등학교 설립에도 적극 나섰습니다. 1909년까지 장로교회가 세운 학교는 719곳, 감리교회가 세운 학교는 200곳이나 되었습니다.

초기 한국 교회의 두드러진 특징 중의 하나는 애국심을 강조한 민족교회로 출발했다는 점입니다. 기독교가 처음 들어온 19세기 말은 국권을 빼앗겨 가는 민족적 위기 상황이었습니다. 따라서 기독교 선교 과정에서 자연스럽게 생겨난 분위기가 민족의 위기 극복을 위한 해답을 제시하는 것이었습니다. 초기 기독교 지도자들은 위기에 처한 민족공동체의 진로를 고민했습니다. 고민의 결과는 1907년 국채보상운동에서부터 항일운동, 농촌 계몽운동, 민족 자강운동 등으로 나타났고, 독립신문을 비롯한 황성신문 등 언론운동, 헤이그 밀사 파송이나 을사조약 반대 운동, YMCA를 비롯한 청년계몽운동 등에도 모두 기독교 지도자들이 앞장을 섰습니다.

일제 강점기에도 기독교인들은 민족의 독립을 위해 헌신했습니다. 절정은 1919년 3·1독립만세운동이었습니다. 3·1독립만세운동 민족 대표 33인 중 기독교인이 거의 절반이었으며, 전국의 교회가 있는 곳마다 만세운동이 요원의 불길처럼 퍼져나갔습니다. 1919년 이후 중국 상하이 임시정부 모임도 많은 기독교인들이 주도적으로 참여했고, 해외 독립운동가들 역시 기독교 정신에 입각한 이들이 많았습니다. 당시만 해도 인구 대비로 극히 소수였던 기독교가 이렇게 많은 기여를 했다는 것 자체가 놀랄 만한 일이 아닐 수 없습니다.

요즘 '위기의 한국 교회'라는 말들을 참 많이 합니다. 기독교를 바라보는 세상의 시선이 얼마나 냉랭한지도 아는 사람은 다 압니다. 교회는 여전히 수많은 자선을 베풀고 있지만 돌아오는 것은 칭찬보다 흉이 더 많습니다. 왜 이렇게 됐을까요?

앞에서도 적었듯이 한국 기독교의 지난 100년은 실로 위대했습니다. 모든 인간은 하나님 앞에서 평등하고 소중한 존재라는 메시지로 백성들의 잠든 의식을 일깨웠습니다. 방방곡곡에 학교를 세워 인재를 길러 냈습니다. 수많은 병원을 세워 고통 받는 사람들을 치료해 주었습니다. 여성, 민권, 환경 등 다른 여러 분야에서도 교회가 세상

기독교 청년 단체 YMCA 탄생 100주년 기념우표(왼쪽, 2003년 발행)와 50주년 기념우표(1953년 발행). 우리나라 최초의 민간단체였던 YMCA는 일제하에서는 민족독립운동, 애국계몽운동, 농촌운동, 교육운동의 산실로서 애국애족의 정신을 추구했으며, 해방 이후에는 청소년운동, 시민운동, 사회체육운동 등을 통해 시민사회 성숙에 기여했다.

을 이끌고 변화시켜 온 것은 열거할 수 없을 정도로 많습니다.

한국 기독교가 소수이면서도 그렇게 선한 영향력을 가질 수 있었던 것은 매 시기마다 시대적 소명을 뚜렷이 자각했기 때문이라고 생각합니다. 일제 강점기의 시대정신은 민족의 독립이었습니다. 산업화 시대 이후 평등이요 인권이었으며 민주화였습니다. 그리고 분단 극복이요 통일 염원이었습니다. 크리스천이라면 누구나 이를 위해 기도했고, 행동했고, 그렇지 못한 사람도 마음의 빚만은 느끼고 있었습니다. 그저 나와 내 가족이 잘 되고 예수 믿고 구원받아 천국만 가면 된다는 신앙과는 차원이 달랐습니다.

어떤 종교든지 시대정신을 잃어버리면 역사에 대한 기여나 역할도 끝이 나고 맙니다. 개인 역시 시대의 아픔에 눈을 뜨지 못한다면 그냥저냥 세상과 타협하고 일신의 영달이나 간구하는 비겁하고 시시한 신앙인이 되고 맙니다. 한국 기독교는 이 땅에서 정말로 세계인이 놀라는 한국사의 한 장면을 일구었습니다. 그런 역사는 앞으로도 계속되기를 바랍니다. 한국 기독교의 위대한 역사를 그저 이런 책 속에서나 만나는 과거의 일이 아니기를 바라는 마음으로 세계인이 놀라는 한국사의 일곱 번째 장면을 마칩니다.

잠깐! 이런 것도

한국 최초의 기독교 선교사들

언더우드(Horace Grant Underwood, 1859~1916) : 미국 북장로교 선교사로 한국 최초의 개신교 조직 교회인 광화문 새문안교회를 세웠습니다. 한국 이름은 '원두우元杜尤'이며, 1884년 뉴브런스위크 신학교를 졸업하고 목사가 되었습니다. 원래 인도 선교사로 가려고 했으나 목적지를 조선으로 바꿔 1885년 4월 5일 인천에 도착했습니다. 1886년에 경신학교를 세웠는데, 이는 1915년에 연세대학교의 전신인 연희전문학교로 발전하게 됩니다. 1889년에는 후배 선교사들을 위한 『한국어 문법』, 1890년에는 우리나라 최초의 『영한사전』을 펴냈으며, 성서 번역위원회를 조직하여 성서 번역 사업도 주관하였고, 1900년에는 기독청년회YMCA를 조직하는 등 개화기 종교, 사회, 언어, 정치, 문화 등 여러 분야에 큰 공적을 남겼습니다.

아펜젤러(Henry Gerhard Appenzeller, 1858~1902) : 미국 감리교 선교사로 한국 최초의 감리교회인 정동제일교회를 설립하였습니다. 듀론신학교를 나와 목사가 되었으며, 1885년 한국에 들어와 신학문에 뜻을 둔 청년들을 모아 교육 사업을 시작했으니 이것이 우리나라 최초의 근대식 교육기관인 '배재학당'입니다. 한글 성경 번역과 잡지 발행, 한국인의 자유주의 사상과 민족의식 불어넣기에 힘을 기울이며 한국인의 독립의식 고취에 기여했습니다. 그가 세운 정동교회는 개화운동과 반일 민족독립운동의 중심지로 서재필, 이승만, 윤치호, 주시경, 이상재, 남궁억 등이 중심이 되어 독립협회 지회가 결성되기도 했습니다. 훗날 아펜젤러의 전도로 이승만, 이상재 등이 기독교 복음을 받아들이게 됩니다. 1902년 6월 11일 전남 목포에서 모이는 성서 번역자 회의에 참석하기 위해 인천에서 목포로 가던 중 군산 앞바다에서 충돌 사고로 배가 침몰하자 동승한 사람의 목숨을 구하려다 익사했습니다.

한국사 10분 정리

고조선(古朝鮮, BC 2333~BC 108)

삼국시대

발해와 통일신라

고려(高麗, 918~1392)

조선(朝鮮, 1392~1910)

역사학자들은 전 시대를 아우르는 개설서를 쓰는 것이 가장 어렵다고 합니다. 시대별 특징과 흐름을 꿰뚫고 있어야 하고, 현재까지의 모든 연구 성과도 반영해야 하기 때문입니다. 하지만 쓰는 것은 어려워도 읽는 것은 어렵지 않습니다. 역사에 조금만 관심을 가진다면 누구나 우리 역사의 흐름 정도는 알 수 있고 남에게 이야기해 줄수도 있습니다. 여기에 수록한 '부록'은 그런 목적으로 한국사의 흐름을 간단히 정리해 본 것입니다.

　　'구석기 － 신석기 － 청동기' 시대를 지나 역사 시대로 들어오면 한반도는 '고조선 － 삼국시대고구려, 백제, 신라 － 통일신라 및 발해 － 후삼국 － 고려 － 조선'을 거쳐 지금의 대한민국으로 이어집니다. 이렇게 각 시대의 흐름을 나라별로 정리해 기억하는 것을 '왕조사 중심의 역사 서술'이라고 합니다. 그 밖에도 문화사, 사회경제사, 사상사 등 특정 분야에 초점을 맞춰 기술할 수도 있습니다. 각기 저마다 한계가 있고 장점도 있지만 개괄적인 시대적 흐름을 이해하기 위해서는 아무래도 왕조사 중심의 정리가 유용합니다. 우리도 먼저이 방법에 따라 각 시대별 주요 사건과 특징, 인물들을 간단히 살펴보겠습니다.

고조선(古朝鮮, BC 2333~BC 108)

우리는 반만년 역사를 가
진 '배달민족'이라고 합니다.
하지만 기억은 있으되 기록
이 없습니다. 물론 『환단고기
桓檀古記』 같은 기록이 있긴 합
니다. 하지만 주류 학계의 인
정을 못 받고 있습니다. 고조
선 이전 수천 년의 우리 역사
는 그래서 미궁에 빠져 있고
여전히 논쟁 중입니다. 때문
에 여기에서는 어쩔 수 없이
교과서적 관점으로 우리 역
사를 시작하겠습니다.

고조선은 우리 민족 최
초의 나라입니다. 만주와 한
반도 서북 지역을 근거지로
했습니다. 원래 이름은 그냥
'조선'이었습니다. 그럼에도

2008년에 발행된 단군왕검 특별 우표. 삼국유사에 나
오는 단군 신화를 형상화한 것으로 환웅이 풍백, 우
사, 운사를 거느린 채 구름을 타고 태백산 신단수로
내려오는 장면, 환웅이 곰과 호랑이에게 쑥과 마늘을
주는 모습, 환웅과 웅녀가 아기 단군왕검을 안고 있는
모습, 우리나라 최초의 국가인 고조선을 건국한 단군
왕검의 모습 등 모두 4종이다.

'고조선'으로 부르는 것은 나중에 이성계가 세운 '조선'과 구분하기
위해서입니다. 우리가 잘 아는 단군 신화가 고조선의 건국 신화이자

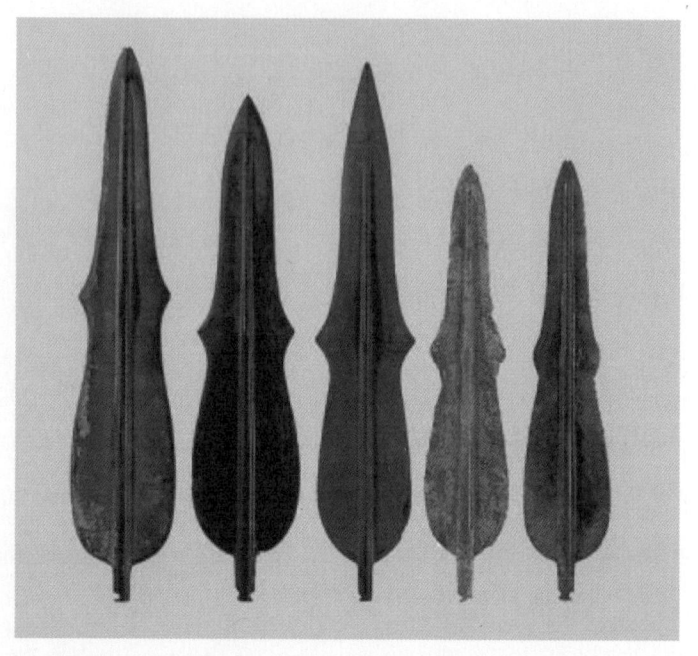

비파형동검. 비파 모양으로 생긴 구리칼이라는 뜻이다. 청동기 시대 칼의 일종으로 만주에서 한반도, 랴오닝 등지에서 출토되고 있다. 고조선의 대표적 유물로 간주된다.

우리 민족의 건국 신화이기도 합니다. 『삼국유사』가 전하는 바에 따르면, 하늘에서 내려온 환웅이 쑥과 마늘만 먹으며 100일을 견뎌 마침내 여자가 된 곰웅녀과 결혼하여 아들을 낳았으니 그가 바로 고조선을 세운 '단군'이라는 이야기이지요.

　고조선은 기원전 2세기 무렵 '위만'이라는 사람이 '준왕'을 몰아내고 새로운 조선위만조선을 열었고, 이 무렵부터 철기 문화가 확산되면서 판도가 크게 확장되었습니다. 그러다가 BC 108년 위만의 손자 우거왕 때 중국 한나라 무제의 침공을 받아 수도 왕검성이 함락되면

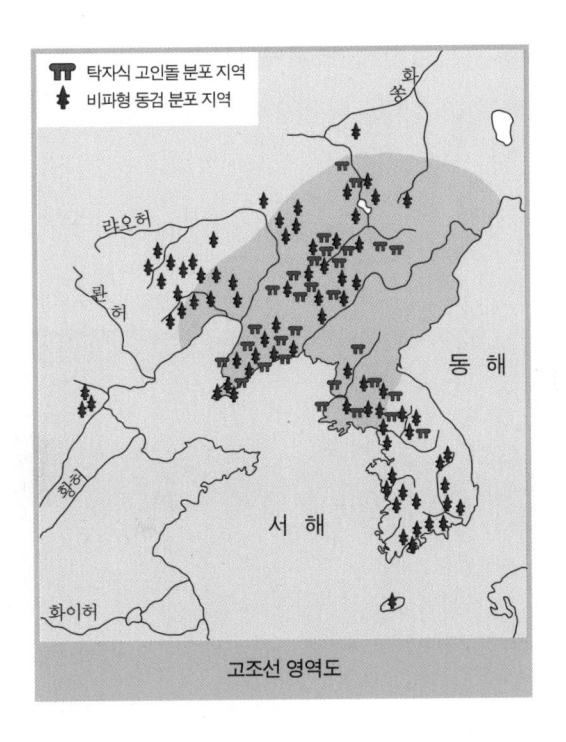

서 멸망했습니다. 고조선의 사회상은 '8조 금법'으로 알 수 있는데 지금은 3개 조만 전해지고 있습니다. '사람을 죽인 자는 즉시 사형에 처한다, 사람을 다치게 한 자는 곡물로써 배상한다, 남의 물건을 훔친 자는 노비로 삼되, 50만 전을 내면 속죄해 준다'는 것이 그것입니다.

고조선은 우리 역사를 반만년 역사로 끌어올린 위대한 나라입니다. 하지만 워낙 오래전 이야기이다 보니 고조선과 관련된 학설도 분분합니다. 고조선의 수도 왕검성의 위치와 고조선의 판도 등을 놓고도 여러 의견이 엇갈리고 있습니다. 우리가 좀 더 우리 고대사에 관

심을 가져야 하는 것도, 그리고 세계로부터 인정받을 수 있도록 우리
학자들의 실증적 연구가 좀 더 필요한 이유도 바로 여기에 있습니다.

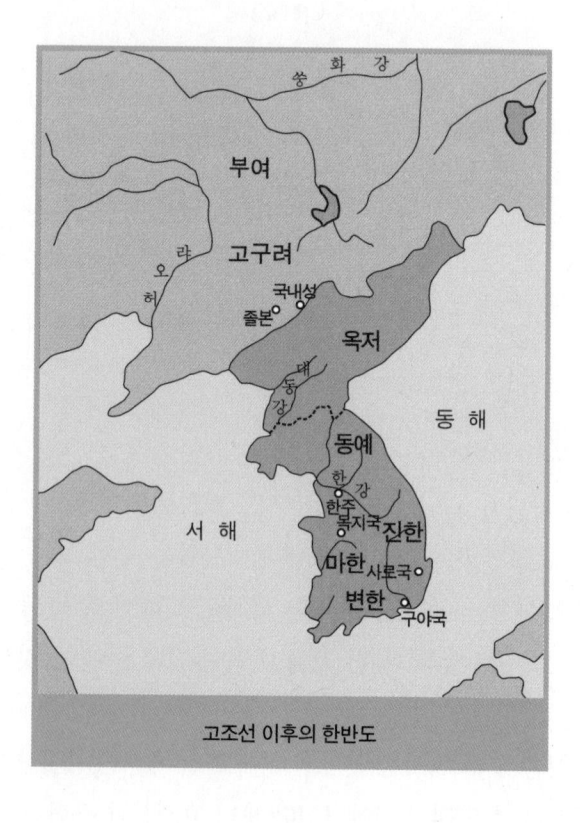

고조선 이후의 한반도

삼국시대

　　고조선이 멸망한 이후에도 한반도에는 여러 부족국가들이 마한, 진한, 변한 등 연맹 형태로 존속하며 대립 혹은 교류하고 있었습니다. 이 시기를 '삼한시대'라고 합니다. 나중에 이들이 고구려, 백제, 신라의 삼국시대로 이어집니다.

　　삼국시대는 삼한시대 이후 고구려, 백제, 신라가 정립했던 7세기 무렵까지의 약 700년을 말합니다. 하지만 엄밀한 의미에서 '삼국시대'라는 표현은 맞지 않습니다. 삼국과 비슷한 시기에 태동하여 몇백 년을 이어온 '가야伽倻'라는 나라가 있었기 때문입니다. 낙동강 하류 지역을 차지했던 가야는 그 규모나 국력 면에서 결코 신라와 백제에 뒤지지 않았습니다. 비록 여러 개의 부족 연맹체로 존재하긴 했지만 걸출한 철기 문명을 자랑했고, 일본과의 교류나 신라에 끼친 영향 등에서도 큰 역할을 감당했습니다. 그렇다 한들 어쩌겠습니까? 역사는 승자의 기록이고, 신라에 복속당한 가야의 운명이 거기까지였으니까요.

　　『칼의 노래』, 『남한산성』 등의 작품으로 유명한 소설가 김훈이 쓴 『현의 노래』라는 역사소설이 있습니다. 비록 작가의 상상력으로 서술된 이야기이긴 하지만 가야가 얼마나 대단한 나라였는지, 가야가 얼마나 빛나는 문화를 가진 나라였는지를 오롯이 느낄 수 있으니 한 번 읽어 보시길 권합니다.

　　어쨌든 삼국시대는 한반도에서 본격적인 절대 왕권이 성립되면

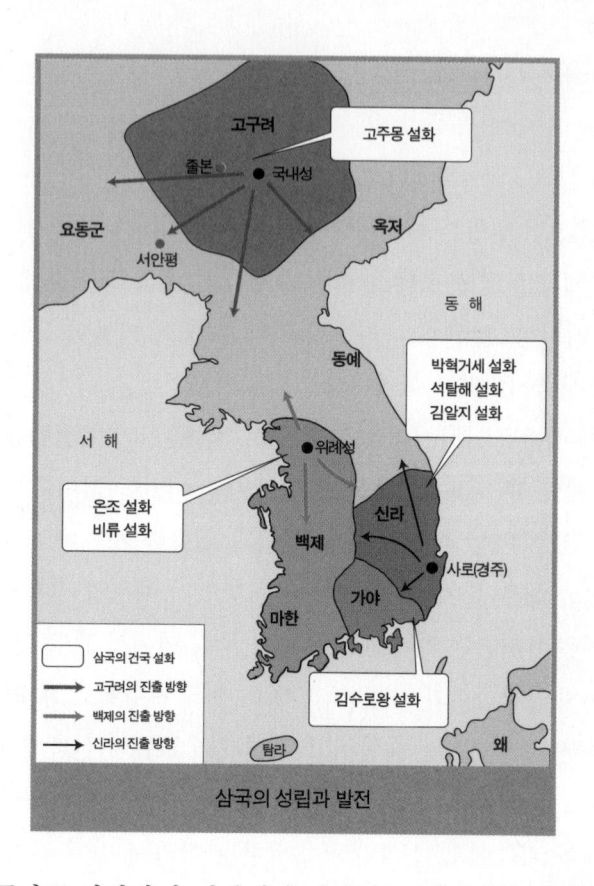

삼국의 성립과 발전

서 고대국가로 나아가던 시기여서 나라별로 전성기가 달랐습니다. 먼저 고구려를 보면 광개토대왕 때부터 장수왕, 문자명왕 때까지의 약 130년간이 가장 융성했던 시기였습니다. 이때 고구려는 백제를 아우르면서 한강까지 남진 정책을 펴 삼국 관계를 주도적으로 이끌었습니다.

신라가 비약적으로 일어난 시기는 법흥왕에서 진흥왕 때까지 약 60년간이었습니다. 한반도 동남쪽에 치우쳐 있던 작은 나라 신라는 이 무렵 백제와 동맹을 맺어 한강 유역을 고구려로부터 빼앗았고, 이어 백제까지 공격해 중국과 직접 교통할 수 있는 바닷길을 확보합니다. 이는 훗날 삼국 통일의 실질적인 기반이 되었습니다.

백제는 4세기 근초고왕 때 국운을 크게 떨칩니다. 마한을 완전히 통합하였고, 371년에는 평양성을 공격해 고구려의 고국원왕이 전사하는 전과를 올리기도 합니다. 또한 신라의 여러 지역을 빼앗아 지금의 경기, 충청, 전라도 전부와 강원도, 황해도까지 영토를 넓히는 등 백제 최고의 전성기를 이루었습니다. 그러면 삼국의 역사 속으로 조금만 더 들어가 보겠습니다.

고구려(高句麗, BC 37~668)

고구려는 시조 주몽이 부여족의 한 갈래를 이끌고 내려와 압록강 유역을 중심으로 건국한 나라입니다. 고국천왕재위 179~197 때 왕위의 부자상속제父子相續制가 마련되고 행정 구역을 정비하는 등 왕권이 강화되었고, 중국이 위魏·오吳·촉蜀 3국으로 나뉘어 한창 자웅을 겨룰 때 왕위에 오른 동천왕재위 227~248은 요동의 실권자 공손연과 통교하면서 위나라를 견제하기도 했습니다. 서기 313년 미천왕재위 300~331 때는 고조선 멸망 후 설치됐던 중국의 한사군漢四郡을 완전히 몰아내고 옛 고조선 땅을 회복했습니다.

소수림왕재위 371~384은 불교를 공인하고 율령을 반포하는 등 고구려 전성기의 서막을 엽니다. 한민족 최고 정복 군주로 추앙받는 광개

고구려 건국과 주몽 탄생 이야기를 담은 주몽 특별 우표 4종. 2010년 발행. 유화부인
과 금와왕이 만나는 장면, 주몽의 탄생 장면, 주몽이 세 명의 벗들과 함께 도망하는 장
면, 주몽이 고구려를 건국하는 장면이 담겨 있다.

토대왕재위 391~413은 남으로 백제를 공격해 임진강과 한강 유역까지
진출했고, 왜구 격퇴를 위해 신라를 돕기도 합니다. 북으로는 후연,
숙신 등을 정벌하여 요동을 차지하는 등 만주와 한반도에서 두루 용
맹을 떨치지요. 우리 역사에서 '대왕'의 칭호를 얻은 왕은 조선의 세
종대왕과 고구려 광개토대왕 단 2명뿐이라는 점만 봐도 그가 얼마나
대단한 왕이었는지 알 수 있습니다. 광개토대왕의 뒤를 이은 장수왕
재위 413~491은 97세까지 장수하며 79년간 왕위에 있었던 말 그대로 장
수한 왕이었습니다. 그는 수도를 남쪽 평양으로 옮기고 중국과의 교
류를 확대합니다. 서기 475년 백제의 수도 위례성을 함락시켰으며,
아산만과 죽령을 연결하는 선까지 영토를 넓혔는데 우리 한민족 국

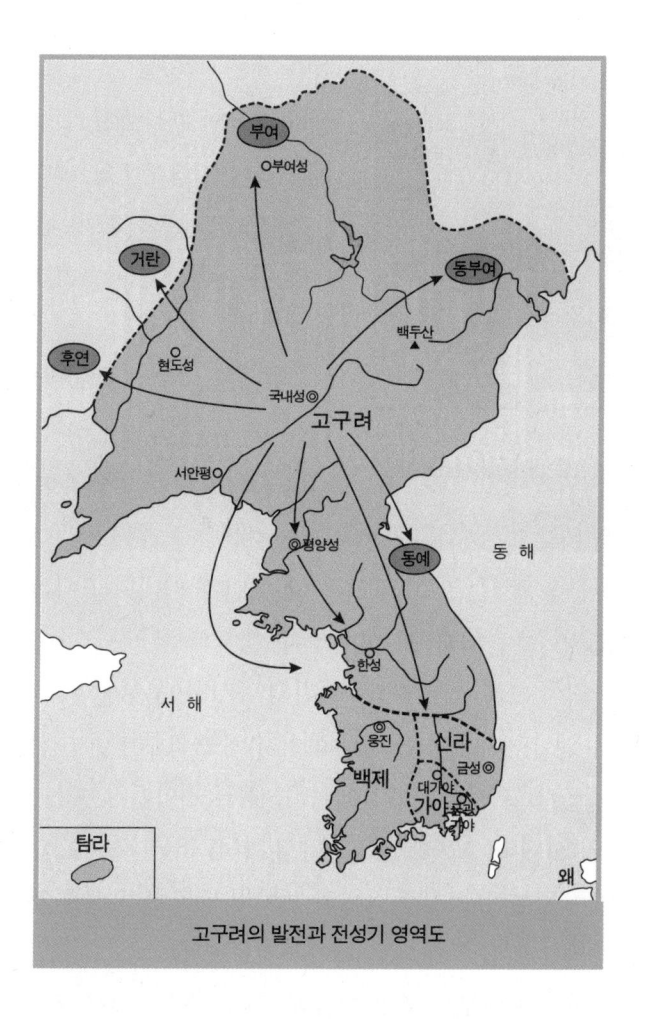

부여

○부여성

거란

동부여

▲백두산

후연

현도성

국내성◎

고구려

서안평○

◎평양성

동예

동 해

한성

서 해

웅진◎

신라

금성◎

백제

대가야

가야

금관가야

탐라

왜

고구려의 발전과 전성기 영역도

가의 판도가 가장 넓었을 때가 바로 고구려 장수왕 때였습니다.

　고구려 하면 을지문덕 장군도 기억해야겠네요. 그는 30만에서 110만에 이르는 대군을 동원했던 수나라 문제, 양제의 잇단 침입을 격퇴해서 우리 민족의 기상을 드높입니다. 을지문덕 장군의 살수대

고구려 19대 광개토대왕(재위 391~413년) 우표. 고구려의 전성기를 연 위대한 왕이다.

첩은 훗날 거란을 물리친 고려 강 감찬 장군의 귀주대첩, 임진왜란 때 권율 장군의 행주대첩, 이순신 장군 의 한산대첩 등과 함께 우리 역사 의 가장 위대한 4대 승리로 기록되 지요.

고구려는 수나라가 망한 뒤 들 어선 당나라로부터도 침입을 당합 니다. 645년 당나라 태종이 직접 30 만 대군을 이끌고 요동을 점령한 후 안시성을 공격해 왔는데 이때도 양만춘 장군을 중심으로 고구려는 약 60일을 버티며 당나라의 집요 한 공격을 막아냈습니다. 하지만 70여 년간 계속된 중국과의 잇단 전 쟁으로 국력이 크게 소모된 고구려는 결국 서기 668년보장왕 27년 신라 와 당나라 연합군의 공격을 막아내지 못하고 700여 년 역사의 종지 부를 찍고 맙니다.

우리 역사에서 고구려만큼 가슴을 뛰게 하는 나라도 없습니다. 드넓은 만주 벌판을 휘젓던 의연한 기개와 웅혼했던 대륙 문화는 한 민족의 꿈과 지경을 무한대로 확장시켜 주었습니다. 하지만 지금은 고구려의 판도가 대부분 중국 영토에 들어가 있는 만큼 중국은 고구 려사를 자국의 역사로 편입시키려는 시도를 노골적으로 해 오고 있다 는 것이 문제입니다. 이를 '동북공정'이라고 하는데 이에 맞서 고구 려사를 지키려는 우리 학자들의 노력도 꾸준히 이어지고 있습니다. 특히 고구려 평양성은 지금의 평양이 아니라 중국 랴오닝성遼寧省에 있

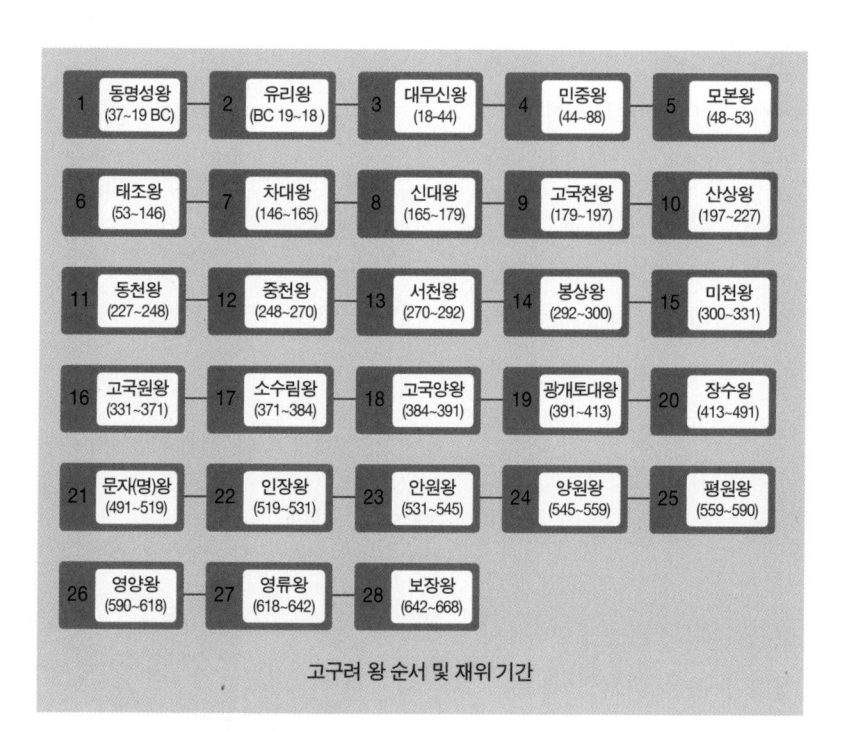

1	동명성왕 (37~19 BC)	2	유리왕 (BC 19~18)	3	대무신왕 (18-44)	4	민중왕 (44~88)	5	모본왕 (48~53)
6	태조왕 (53~146)	7	차대왕 (146~165)	8	신대왕 (165~179)	9	고국천왕 (179~197)	10	산상왕 (197~227)
11	동천왕 (227~248)	12	중천왕 (248~270)	13	서천왕 (270~292)	14	봉상왕 (292~300)	15	미천왕 (300~331)
16	고국원왕 (331~371)	17	소수림왕 (371~384)	18	고국양왕 (384~391)	19	광개토대왕 (391~413)	20	장수왕 (413~491)
21	문자(명)왕 (491~519)	22	인장왕 (519~531)	23	안원왕 (531~545)	24	양원왕 (545~559)	25	평원왕 (559~590)
26	영양왕 (590~618)	27	영류왕 (618~642)	28	보장왕 (642~668)				

고구려 왕 순서 및 재위 기간

었다는 설도 그중의 하나입니다. 만약 평양성의 위치가 그렇게 규명
된다면 일제 식민지 기간 동안 일본이 축소, 왜곡시켜 온 우리 고대사
의 지평이 크게 넓어질 것이고, 중국의 동북공정을 견제하는데도 중
요한 근거가 될 수 있을 것입니다.

백제(百濟, BC 18~660)

백제는 우리 역사에서 가장 저평가된 나라입니다. 의자왕, 삼천

궁녀, 낙화암, 계백장군 등 백제 멸망 시기의 처연한 이미지도 백제를 그렇게 생각하도록 만들고 있다는 생각도 듭니다. 아마 이런 것도 일제 식민교육의 잔재 탓인지 모르겠습니다. 하지만 우리 학자들에 의해 백제 유적들이 잇따라 발굴 및 연구되고 있고, 2015년에는 백제 역사 지구가 유네스코 문화유산으로 지정되는 등 백제의 실체가 조금씩 그 모습을 드러내고 있는 것은 여간 다행한 일이 아닙니다.

백제 온조 특별 우표 5종. 2013년에 나왔다. 백제 온조 특별 우표는 백제의 건국 신화를 담은 것으로 주몽의 두 아들 비류와 온조, 이들의 남하, 미추홀로 간 비류, 위례성에 도읍을 정하는 온조, 백제 통합 등 5장면으로 되어 있다.

사실 백제는 결코 만만한 나라가 아니었습니다. 아니 삼국 중 가장 선진적인 정치 문화를 꽃피웠던 고대 강국이 백제였다고도 할 수 있습니다. 백제는 이미 4세기 중엽부터 일본과 중국 요서遼西, 산둥반도 등지와도 연결되는 해외 상업 세력을 형성했으며, 특히 일본에는 고대 대륙문화를 전수해 주는 지도자 역할까지 했습니다.

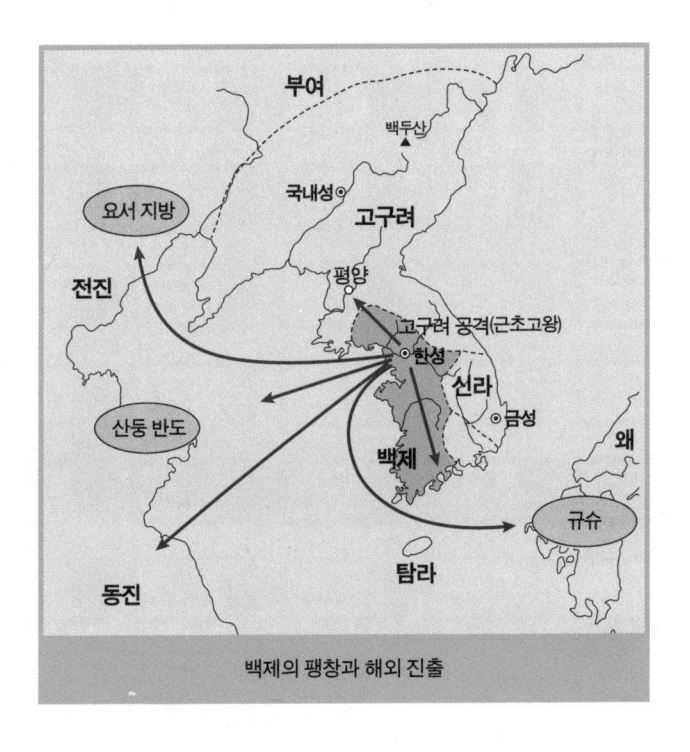

부여

백두산

국내성

고구려

평양

요서 지방

전진

고구려 공격(근초고왕)

한성

신라

금성

산동 반도

백제

왜

동진

탐라

규슈

백제의 팽창과 해외 진출

『삼국사기』에 따르면 백제는 원래 졸본부여 사람이었던 온조가 세운 나라입니다. 고구려와 뿌리가 같다는 말이지요. 백제를 이야기할 때 가장 먼저 언급해야 할 왕은 고이왕^{재위 234~286}입니다. 그는 한강 유역을 통합하고 율령을 반포하는 등 고대 국가 체제를 완비하는 등 백제를 고대 국가로 만든 인물입니다. 근초고왕^{재위 346~375}은 백제의 대표적 정복 군주로 고구려 평양성을 공격하여 고국원왕을 전사케 하는 등 백제 최고의 전성기를 구가했습니다. 왕인 박사와 아직기 등의 학자를 일본에 보내 선진 문물을 전하게 한 것도 근초고왕 때였습니다. 무령왕릉 출토 유물로 유명해진 무령왕^{재위 501~523}도 빼놓을

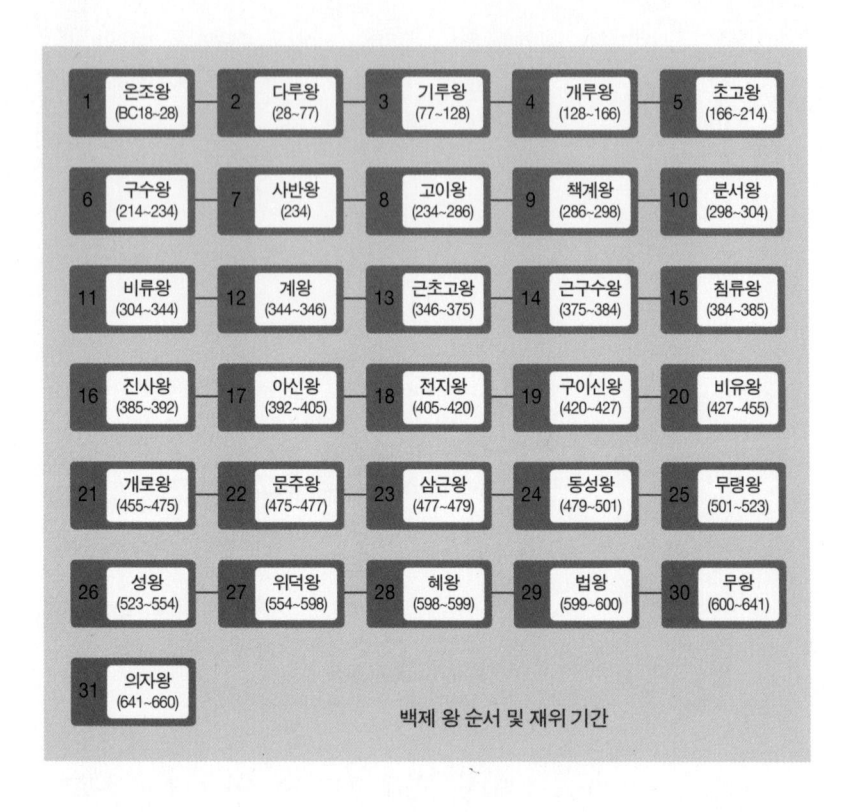

1	온조왕 (BC18~28)	2	다루왕 (28~77)	3	기루왕 (77~128)	4	개루왕 (128~166)	5	초고왕 (166~214)
6	구수왕 (214~234)	7	사반왕 (234)	8	고이왕 (234~286)	9	책계왕 (286~298)	10	분서왕 (298~304)
11	비류왕 (304~344)	12	계왕 (344~346)	13	근초고왕 (346~375)	14	근구수왕 (375~384)	15	침류왕 (384~385)
16	진사왕 (385~392)	17	아신왕 (392~405)	18	전지왕 (405~420)	19	구이신왕 (420~427)	20	비유왕 (427~455)
21	개로왕 (455~475)	22	문주왕 (475~477)	23	삼근왕 (477~479)	24	동성왕 (479~501)	25	무령왕 (501~523)
26	성왕 (523~554)	27	위덕왕 (554~598)	28	혜왕 (598~599)	29	법왕 (599~600)	30	무왕 (600~641)
31	의자왕 (641~660)								

백제 왕 순서 및 재위 기간

수 없습니다. 무령왕릉에서 대거 출토된 부장품들은 찬란했던 백제 문화를 대변하는 것들로 당대 최고 수준의 기술과 예술 역량, 경제력이 총동원되었음을 말해 줍니다. 무령왕의 뒤를 이은 성왕재위 523~554 역시 백제의 중흥 군주였습니다. 그는 수도를 웅진에서 지금의 부여인 사비로 옮기고, 국호를 '남부여南扶餘'로 개칭하는 등 국력 쇄신에 매진했습니다. 일본에 불교를 전해 준 때도 성왕 때였습니다. 그러나 이후 백제는 기울어 가는 국력을 끝내 회복하지 못하고 의자왕재위 641~660을 끝으로 신라와 당나라 연합군에 의해 멸망하고 맙니다.

신라(新羅, BC 57~935)

　　고대 국가로의 출발은 가장 늦었지만 나중엔 가장 앞선 나라가 된 것이 신라입니다. 경주 벌판의 작은 소국에서 끝내 삼국 통일의 대업을 이룬 주인공이었으니까요. 신라는 서기전 57년 박혁거세로부터 시작해 서기 935년 경순왕 때까지 56대 992년간 존속한 천년 왕국입니다.

　　신라의 역사를 말할 때는 보통 29대 태종무열왕을 기준으로 그 이전을 삼국시대, 그 이후를 통일신라시대로 구분합니다. 최근에는 옛 고구려 땅에 발해가 번성하면서 신라와 병립한 상황을 인정해 통일신라시대라는 말보다는 '남북국시대'라는 용어를 더 많이 사용하는 경향도 있습니다.

2012년 발행된 신라 박혁거세 특별우표 5종, 6촌장 회합, 알에게 절하는 말, 혁거세 탄생, 알영부인 탄생, 신라 건국 등 5가지 장면이 그려져 있다.

신라가 중앙집권 국가로서의 기틀을 마련한 것은 내물 마립간재위 356~402 때였습니다. 마립간은 내물 마립간 때 처음 쓰이기 시작했는데 '으뜸가는 지배자'라는 뜻입니다. 참고로 신라 군주의 호칭은 '거서간 – 차차웅 – 이사금 – 마립간'으로 호칭이 바뀌어 왔고, 왕의 자리는 박씨·석씨·김씨가 돌아가며 차지하다가 내물 마립간 때부터 김씨만 왕위를 세습하게 됩니다.

22대 지증왕재위 500~514 때는 신라의 정치 제도가 더욱 정비되었고, 처음으로 군주의 칭호가 왕으로 바뀌었습니다. 우산국于山國이었던 울릉도를 복속시킨 것도 지증왕 때였습니다. 법흥왕재위 514~540은 불교를 공인하고 율령을 반포하는 등 통치 질서를 확립하면서 나라의 기틀을 다집니다. 또 금관가야를 정복해 영토를 확장하고 '건원建元'이라는 독립 연호를 사용함으로써 자주 국가로서의 위상을 높였습니다. 이러한 바탕 위에서 즉위한 진흥왕재위 540~576은 신라 최고의 전성기를 열게 됩니다. 그는 백제와 동맹을 맺어 고구려의 한강 상류 유역을 공격해 점령하고 함경도 지역까지 진출합니다. 남쪽으로는 가야를 차례로 복속시키고 낙동강 서쪽을 완전히 장악하게 됩니다. 서쪽으로는 한강을 넘어 인천 만까지 뻗어 나가 중국과 직접 교통할 수 있는 길을 열어 삼국 통일의 기반을 마련합니다. 진흥왕은 새로 넓힌 요지마다 비석을 세워 신라의 영토임을 분명히 했는데, 남아 있는 4개의 순수비창령·북한산·황초령·마운령와 단양 적성비가 그것입니다.

나중에 태종무열왕재위 654~661이 되는 김춘추는 김유신과 손을 잡고 중국 당나라와 동맹을 맺으면서 백제를 멸망시키는 등 삼국 통일의 과업을 거의 이루게 됩니다. 이후 그의 아들 문무왕재위 661~681 때

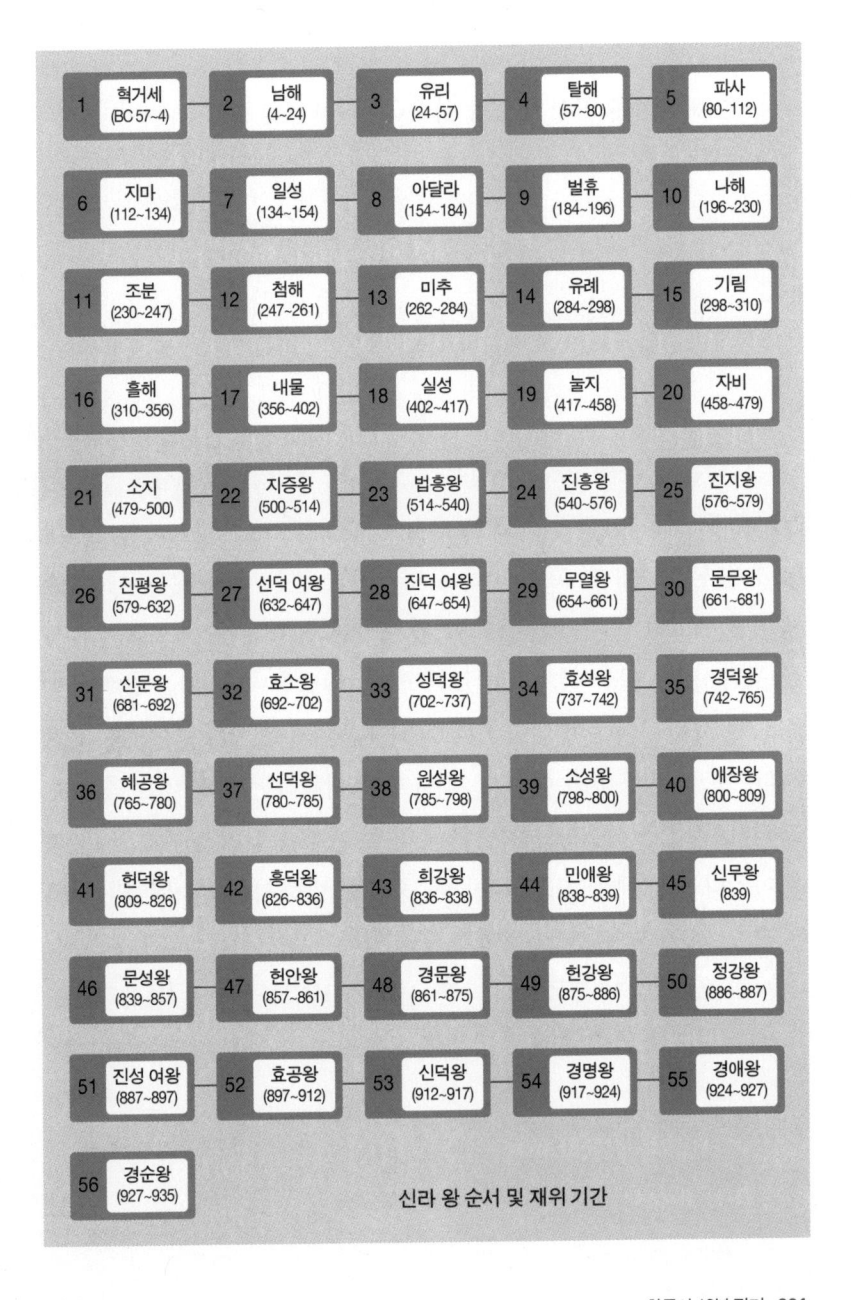

1	혁거세 (BC 57~4)	2	남해 (4~24)	3	유리 (24~57)	4	탈해 (57~80)	5	파사 (80~112)
6	지마 (112~134)	7	일성 (134~154)	8	아달라 (154~184)	9	벌휴 (184~196)	10	나해 (196~230)
11	조분 (230~247)	12	첨해 (247~261)	13	미추 (262~284)	14	유례 (284~298)	15	기림 (298~310)
16	흘해 (310~356)	17	내물 (356~402)	18	실성 (402~417)	19	눌지 (417~458)	20	자비 (458~479)
21	소지 (479~500)	22	지증왕 (500~514)	23	법흥왕 (514~540)	24	진흥왕 (540~576)	25	진지왕 (576~579)
26	진평왕 (579~632)	27	선덕 여왕 (632~647)	28	진덕 여왕 (647~654)	29	무열왕 (654~661)	30	문무왕 (661~681)
31	신문왕 (681~692)	32	효소왕 (692~702)	33	성덕왕 (702~737)	34	효성왕 (737~742)	35	경덕왕 (742~765)
36	혜공왕 (765~780)	37	선덕왕 (780~785)	38	원성왕 (785~798)	39	소성왕 (798~800)	40	애장왕 (800~809)
41	헌덕왕 (809~826)	42	흥덕왕 (826~836)	43	희강왕 (836~838)	44	민애왕 (838~839)	45	신무왕 (839)
46	문성왕 (839~857)	47	헌안왕 (857~861)	48	경문왕 (861~875)	49	헌강왕 (875~886)	50	정강왕 (886~887)
51	진성 여왕 (887~897)	52	효공왕 (897~912)	53	신덕왕 (912~917)	54	경명왕 (917~924)	55	경애왕 (924~927)
56	경순왕 (927~935)								

신라 왕 순서 및 재위 기간

고구려를 멸망시키고 당나라 군대를 한반도에서 완전히 축출함으로써 마침내 삼국 통일의 대업을 완수하게 됩니다.

발해와 통일신라

요즘은 신라의 삼국 통일부터 발해가 멸망할 때까지를 남북국시대라고 부르는 사람이 많습니다. 이런 시대 구분법은 '삼국시대 – 통일신라시대 – 고려시대'로 이어지는 전통적인 시대 구분법을 벗어난 새로운 시대 구분법으로, 발해사를 좀 더 적극적으로 한국사에 포함시키겠다는 의지의 발로라고 할 수 있습니다. 기존에 역사를 배웠던 사람들이라면 남북국시대라는 용어가 생소할 수 있을 것입니다. 또 이런 용어의 여러 가지 한계를 지적하는 학자들도 있고요. 그러나 발해가 고구려를 계승한 나라로 분명한 우리 민족사의 한 부분이었다는 점에서, 또 근래 들어 중국이 발해사를 자기 나라 역사로 편입시키려는 시도가 노골화되고 있다는 점을 감안하면 '통일신라시대'보다는 '남북국시대'라는 시대 구분법을 좀 더 적극적으로 수용할 필요는 있다고 생각합니다.

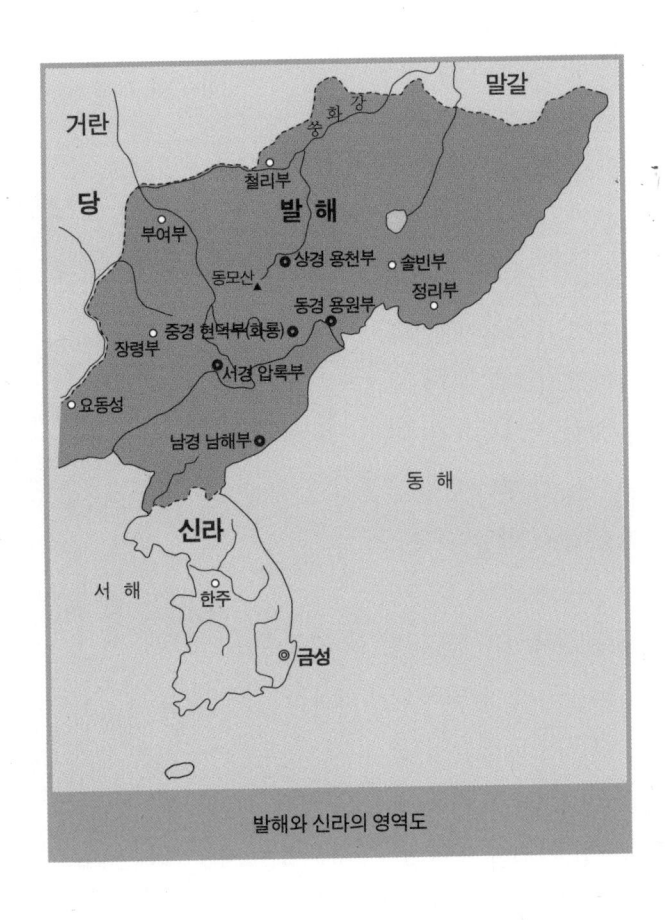

발해와 신라의 영역도

발해(渤海, 698~926)

　1994년 당시 최고 인기 아이돌 그룹이었던 '서태지와 아이들'이 있었죠. 이들이 「발해를 꿈꾸며」라는 노래를 불러 큰 인기를 모았는데 이는 그동안 역사 책 한쪽 구석에 조용히 숨어 있던 '발해'라는 나라를 새롭게 인식시키는데 큰 역할을 했습니다. 발해는 우리 민족의 꿈과 이상의 땅답게 한반도 북부와 중국 동북성, 연해주 등을 지배한 거대한 나라였습니다.

발해는 고구려 장수였던 대조영大祚榮이 고구려 유민과 만주의 말갈족들을 규합해 세운 나라로서 처음부터 고구려의 계승 국가였음을 자임했습니다. 발해의 중흥기는 10대 선왕宣王 때였습니다. 그는 15년간 왕위에 있으면서 흑룡강 하류까지 영토를 넓히며 당나라를 압박하고 내치를 충실히 다졌습니다. 과거 고구려 영토를 거의 회복했을 뿐만 아니라 북쪽 연해주 지역까지 영역을 더 넓혔습니다. 문화적으로도 당

2011년에 발행된 발해 대조영 특별우표. 당나라에 대항하는 고구려 유민, 당나라 군대 격파, 발해 건국, 해동성국 발해를 각각 표현하고 있다.

나라의 문물을 적극 받아들이고 일본과 활발히 문물 교류를 하면서 나라를 크게 발전시켰지요. 그래서 중국은 발해를 동방의 융성한 나라, 즉 해동성국海東盛國이라 불렀다고 합니다.

그러나 안타깝게도 발해의 융성은 그리 오래가지 못했습니다. 만주에서 새로 발흥하기 시작한 거란족의 침입에 시달리다가 926년 마

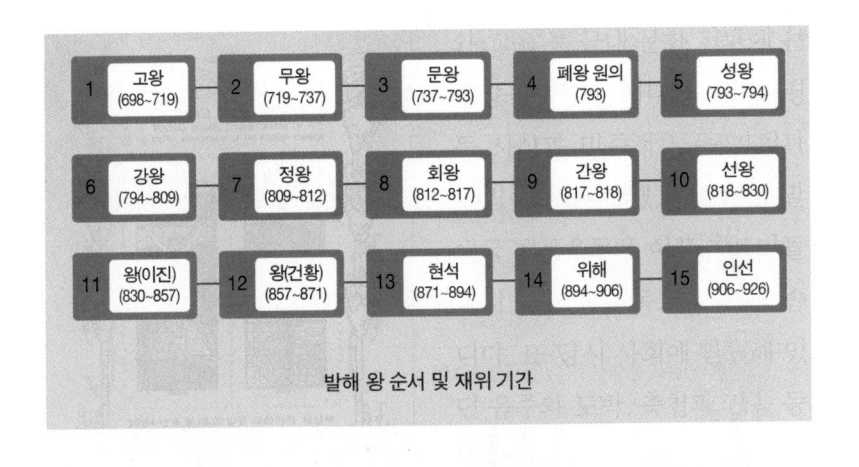

1	고왕 (698~719)	2	무왕 (719~737)	3	문왕 (737~793)	4	폐왕 원의 (793)	5	성왕 (793~794)
6	강왕 (794~809)	7	정왕 (809~812)	8	회왕 (812~817)	9	간왕 (817~818)	10	선왕 (818~830)
11	왕(이진) (830~857)	12	왕(건황) (857~871)	13	현석 (871~894)	14	위해 (894~906)	15	인선 (906~926)

발해 왕 순서 및 재위 기간

침내 거란에 의해 수도가 함락됨으로써 15대 228년간의 역사를 뒤로 하고 멸망에 이르고 말았습니다. 오랫동안 발해의 수도였던 상경용 천부의 궁궐터가 현재 중국 헤이룽장성 닝안시寧安市에 남아 있습니다.

통일신라(668~992)

삼국 통일 후의 신라는 약 200여 년 동안은 평화를 누리면서 다양한 문화를 꽃피웠습니다. 하지만 후대로 갈수록 귀족들끼리 서로 죽고 죽이는 왕위 쟁탈전이 극에 이르면서 점점 왕권이 약해졌습니다. 선덕왕 이후 155년 동안 20명이나 왕이 교체되었다는 것이 단적인 예입니다. 왕권의 불안정은 필연적으로 정치적, 사회적 혼란을 가중시키게 되지요. 중앙이 흔들리면 지방 세력이 고개를 드는 것은 당연한 이치. 지방 호족과 해상 세력도 가만히 있지 않고 나섰습니다.

대표적인 사람이 완도 청해진의 장보고였습니다. 장보고는 해적을 소탕하고 해상권을 장악함으로써 '해상왕'으로까지 불렸습니다. 신라와 당나라는 물론 일본과의 무역권까지 손에 넣은 그는 중앙 정계에도 진출해 민애왕을 죽이고 대신 신무왕을 즉위시키는 등 막강한 실력을 행사했습니다.

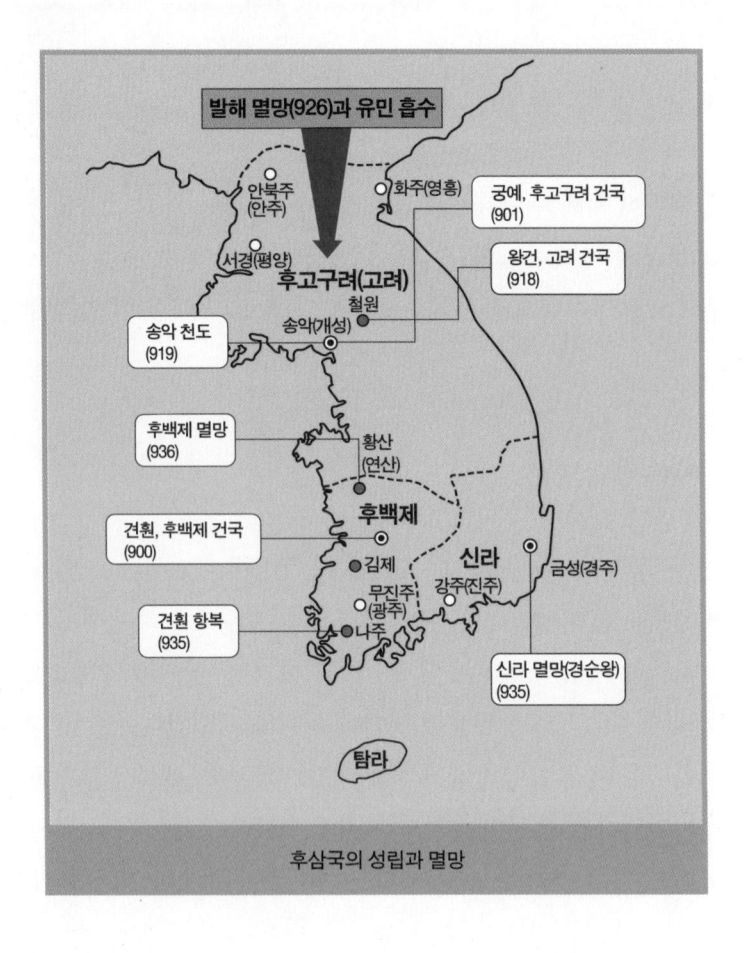

후삼국의 성립과 멸망

중앙 정부의 통치 체제가 사실상 무너지자 지방 권력이 다시 일어나 전라도 지역은 후백제의 견훤甄萱이, 강원 북부와 경기도 황해도 및 평안도 지방은 태봉의 궁예弓裔가 장악했습니다. 신라는 지금의 경상도 지역으로 쪼그라들면서 한반도는 다시 후삼국으로 분열되고 만 것이지요. 하지만 분열은 오래가지 않았습니다. 궁예의 신하였던 왕건이 918년에 고려를 세우고 통일의 대장정을 시작했으니까요. 935년 신라 마지막 왕인 경순왕은 스스로 나라를 왕건에게 바쳤고, 이후 왕건은 후백제마저 제압해 다시 통일을 이룩하게 됩니다.

통일신라는 정치사적인 의미보다는 문화사적인 면에서 더 의미가 컸다고 할 수 있습니다. 삼국 통일로 몇 배나 넓어진 영토와 경제적 안정을 토대로 고구려·백제의 문화를 통합한 새로운 민족문화를 화려하게 꽃피웠기 때문입니다.

고려(高麗, 918~1392)

고려는 500년 가까이 지속된 역사를 가졌지만 조선이나 신라에 비해 상대적으로 낯선 느낌을 줍니다. 하지만 이미 본문에서도 다루었듯이 고려는 우리에게 '코리아'라는 영어 이름을 남겨 준 충분히 자랑스러워해도 될 만한 자주 국가였습니다.

고려는 서기 918년 태조 왕건이 궁예를 내몰고 왕이 되면서 건국

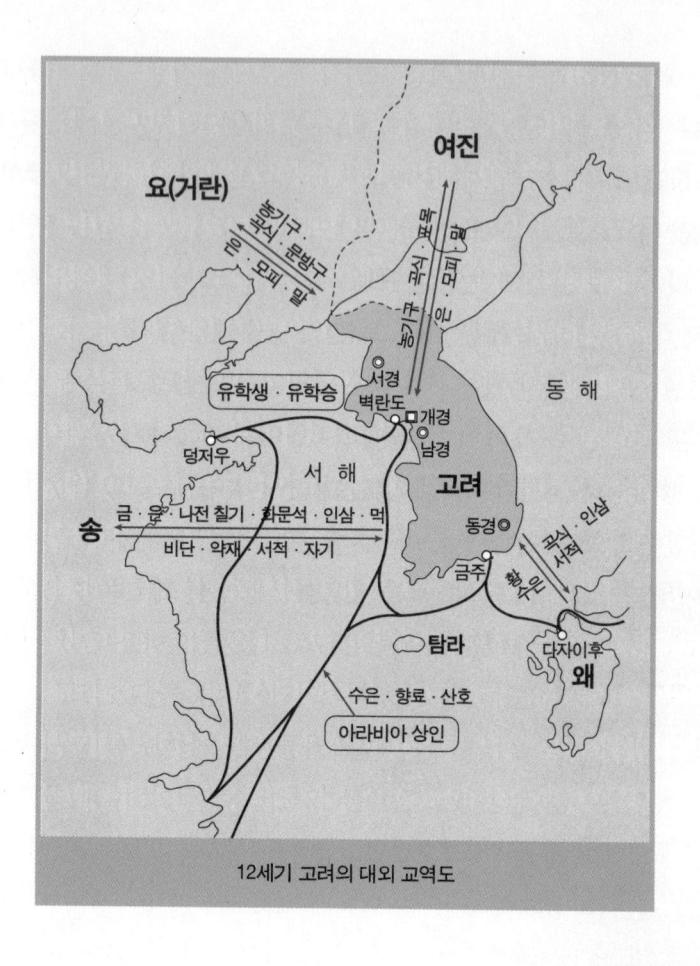

12세기 고려의 대외 교역도

했습니다. 도읍지는 황해도 개성. 통일신라 말기 후삼국 시대의 혼
란기를 수습한 우리 민족의 두 번째 통일 국가라는 의미가 있습니다.
고려 초기 역사에서 또 하나 주목되는 점은 고려가 지금 우리나라 이
상으로 다민족 국가였다는 사실입니다. 고려사 전문가인 국민대 국
사학과 박종기 교수에 따르면 고려 건국 이후 약 200년 동안 발해, 여

진, 거란 등에서 받아들인 귀화인이 약 17만 명에 달했다고 합니다. 12세기 무렵 고려 전체 인구가 약 200만 명쯤으로 추산되는 걸 감안하면 귀화인 17만 명은 전체 국민의 8.5%에 해당하는 대단한 수치입니다. 특히 4대 광종재위 949~975은 중국 출신 쌍기를 재상으로 삼는 등 귀화인을 크게 중용했습니다. 쌍기는 과거 제도를 건의해 실시하게 함으로써 왕권을 강화하고 본격적인 중앙집권 체제를 확립하는데 크게 기여한 인물입니다.

고려의 전성기는 11대 문종재위 1046~1083 때였습니다. 문종은 율령과 토지 제도 및 병제 등을 정비해 강력한 중앙집권 체제를 완성합니다. 하지만 이후부터는 점점 외척의 힘이 강해지고 왕권이 약해지면서 또 다른 권력층이 나타나기 시작하지요. 반란도 잇따랐는데, 이자겸의 난(1126)과 묘청의 난(1135)이 대표적입니다.

원래 고려는 문치 국가였습니다. 문신들에 비해 무신들이 홀대받고 괄시받았다는 뜻입니다. 괄시받던 무신들의 불만이 폭발한 것이 '무신의 난'입니다. 정중부의 난(1170)을 시작으로 경대승 - 이의민 - 최충헌으로 이어지는 죽고 죽이는 무인들의 정권 쟁탈전이 계속됐습니다. 최충헌 집권 후에는 60여 년간 최씨 무신정권이 계속됩니다. 양민과 천민들도 가만히 있지 않았습니다. 못 살겠다 갈아보자며 도처에서 반란을 일으켰습니다. 망이·망소이의 난(1176), 만적의 난(1198)이 대표적입니다. 특히 최충헌의 노비였던 만적은 왕과 재상이 따로 씨가 있는 것이 아니라며 '계급 투쟁'의 불씨를 지피기도 했지만 견고한 신분 사회의 벽을 넘기에는 역부족이었습니다.

고려 역사에서 외적의 침략에 맞선 이야기를 빼놓을 수가 없습

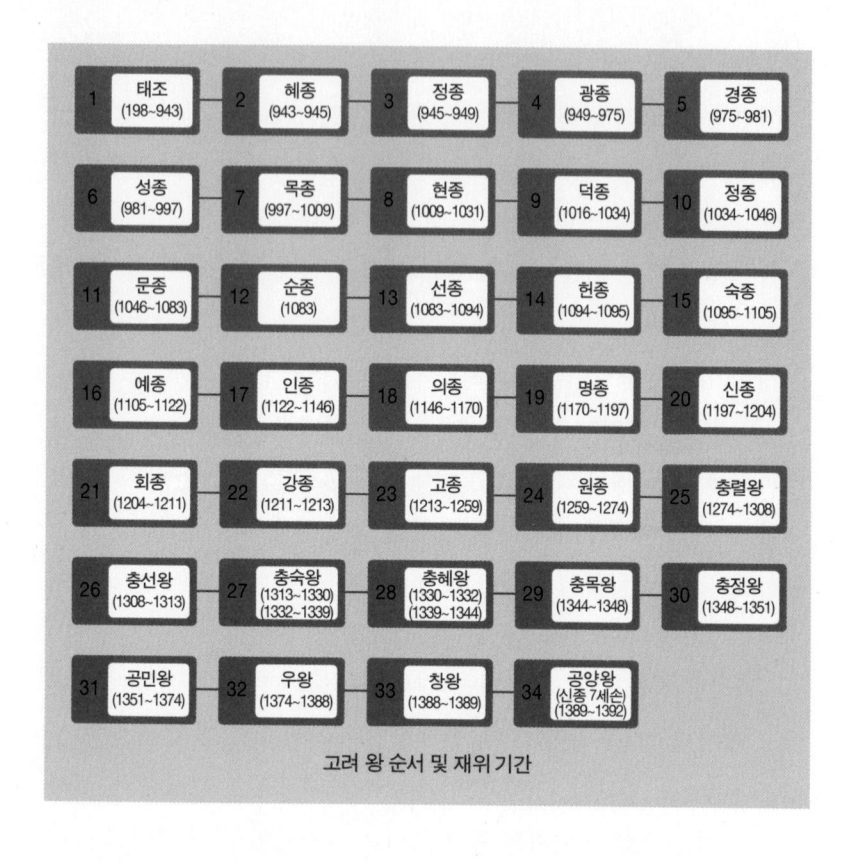

1	태조 (198~943)	2	혜종 (943~945)	3	정종 (945~949)	4	광종 (949~975)	5	경종 (975~981)
6	성종 (981~997)	7	목종 (997~1009)	8	현종 (1009~1031)	9	덕종 (1016~1034)	10	정종 (1034~1046)
11	문종 (1046~1083)	12	순종 (1083)	13	선종 (1083~1094)	14	헌종 (1094~1095)	15	숙종 (1095~1105)
16	예종 (1105~1122)	17	인종 (1122~1146)	18	의종 (1146~1170)	19	명종 (1170~1197)	20	신종 (1197~1204)
21	회종 (1204~1211)	22	강종 (1211~1213)	23	고종 (1213~1259)	24	원종 (1259~1274)	25	충렬왕 (1274~1308)
26	충선왕 (1308~1313)	27	충숙왕 (1313~1330) (1332~1339)	28	충혜왕 (1330~1332) (1339~1344)	29	충목왕 (1344~1348)	30	충정왕 (1348~1351)
31	공민왕 (1351~1374)	32	우왕 (1374~1388)	33	창왕 (1388~1389)	34	공양왕 (신종 7세손) (1389~1392)		

고려 왕 순서 및 재위 기간

니다. 한민족 역사상 외침에 시달리지 않은 나라가 없었지만, 특히 고려는 더욱 심했습니다. 가장 먼저는 발해를 멸망시킨 거란이었습니다. 당시 중국 동북아의 신흥 강국이었던 요나라遼, 916~1125는 바로 그 거란족이 세운 나라였습니다. 거란은 고려가 혹시라도 이웃 여진과 손을 잡을까 경계하여 먼저 고려로 쳐들어왔습니다. 이 국가적 위기를 노련한 외교로 극복한 사람이 서희 장군이었습니다. 그는 당시의 국제 역학 관계를 잘 이용하여 거란과 담판을 짓고 거란의 침입을

저지하면서 강동 6주 땅까지 얻었습니다. 하지만 곧 마음이 변한 거란은 다시 연이어 고려를 침공하지만 고려는 악전고투 끝에도 끝까지 잘 막아냅니다. 특히 거란의 3차 침입 때는 강감찬 장군이 거란의 대군을 귀주에서 크게 격파하기도 합니다.

여진 또한 틈만 나면 고려를 넘보았습니다. 하지만 일찍이 윤관 장군이 동북쪽 여진을 정벌하고 그 땅에 9개의 성을 쌓아 국방을 더 튼튼히 했습니다. 그러나 여진족은 힘을 더 키우고 금나라金, 1115~1234를 세우며 중국 본토의 송宋나라까지 압박하고 고려도 수시로 침입해 괴롭힙니다. 그중에서 몽골은 으뜸이었습니다. 세계 최대의 제국을 건설했던 칭기즈칸의 나라, 중국을 정복하고 멀리 유럽까지 벌벌 떨게 만든 바로 그 몽골은 나중에 나라 이름을 원元, 1271~1368으로 바꾸었지요.

몽골의 고려 침입은 7차례나 계속됐고 그때마다 고려는 결사 항전으로 맞섰습니다. 당시 고려는 무신정권 지배자인 최우가 집권하고 있었는데, 그는 끝까지 싸울 것을 결심하고 임금과 조신들, 백성들을 이끌고 강화도로 수도를 옮겼습니다. 이른바 대몽 항쟁의 시작이었지요. 이때 부처의 힘으로 국난을 극복하겠다는 염원을 담아 팔만대장경도 만들기 시작합니다. 고려는 삼별초의 항쟁까지 더해 끝까지 버텼지만 결국은 몽골과 화친을 맺게 됩니다. 이후 고려는 원나라의 간섭을 받을 수밖에 없었습니다.

고려 말 공민왕의 자주 개혁으로 다시 부흥하는 듯 했지만 결국 이성계의 역성혁명으로 1392년 34대 공양왕을 마지막으로 고려는 멸망하고 맙니다.

조선(朝鮮, 1392~1910)

조선은 518년간 27명의 임금이 다스렸던 나라입니다. 세계 역사에 이렇게 긴 세월 존속했던 근대 왕조는 거의 없습니다. 조선은 1392년 태조 이성계의 역성혁명易姓革命으로 건국됐습니다. '역성혁명'이란 성씨가 다른 사람이 무력이 아닌 평화적으로 왕위를 물려받는 평화적 정권 교체를 말합니다. 하지만 말이 그렇지 실제 조선 창업의 과정은 위화도 회군에서부터 최영 일파 숙청, 건국 후 공신 세력 간의 다툼 등 피의 숙청으로 얼룩진 역사였습니다.

조선 왕조의 성격은 3대 건국 이념에 잘 나타나 있습니다. 첫째는 사대교린事大交隣 정책입니다. 외교적으로 중국 명明나라를 대국으로 받들어 높이고 여진, 일본 등과는 우호적인 교류를 해 나간다는 정책입니다. 두 번째는 숭유억불崇儒抑排 정신입니다. 신라와 고려를 거치며 폐단이 크게 드러난 불교를 폐하고 대신 유교를 정치·문화·사상계의 근본적 지도 이념으로 삼겠다는 말입니다. 세 번째는 농자천하지대본, 즉 농본민생農本民生입니다. 이는 당시 농경 국가로서 당연한 정책이었지만 사농공상士農工商의 서열화를 조장 확립함으로써 상업과 공업의 경시 풍조로 이어지고, 결과적으로 근대국가로의 발전을 막는 요인이 되기도 했습니다.

여기서 잠깐, 조선 왕들의 재위 순서를 한 번 외워보고 시작하겠습니다. '태정태세 문단세, 예성연중 인명선, 광인효현 숙경영, 정순헌철 고순땡.' 땡은 끝났다는 말입니다. 이게 무슨 주문 같기도 하지

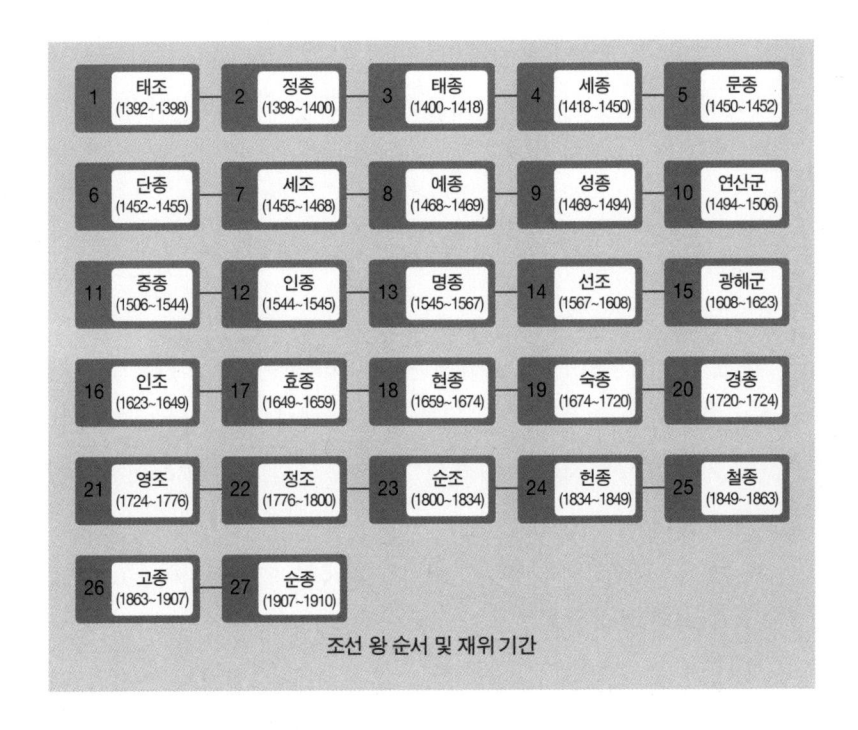

1	태조 (1392~1398)	2	정종 (1398~1400)	3	태종 (1400~1418)	4	세종 (1418~1450)	5	문종 (1450~1452)
6	단종 (1452~1455)	7	세조 (1455~1468)	8	예종 (1468~1469)	9	성종 (1469~1494)	10	연산군 (1494~1506)
11	중종 (1506~1544)	12	인종 (1544~1545)	13	명종 (1545~1567)	14	선조 (1567~1608)	15	광해군 (1608~1623)
16	인조 (1623~1649)	17	효종 (1649~1659)	18	현종 (1659~1674)	19	숙종 (1674~1720)	20	경종 (1720~1724)
21	영조 (1724~1776)	22	정조 (1776~1800)	23	순조 (1800~1834)	24	헌종 (1834~1849)	25	철종 (1849~1863)
26	고종 (1863~1907)	27	순종 (1907~1910)							

조선 왕 순서 및 재위 기간

만 알고 보면 꽤 쓸모가 있는 주문입니다. 조선의 역사 흐름을 단숨에 알 수 있을 뿐만 아니라 해박한 역사 이야기꾼이 되는데도 유용하게 활용할 수 있기 때문입니다. '태정태세 문단세'는 태조, 정조, 태종, 세종, 문종, 단종, 세조를, '예성연중 인명선'은 예종, 성종, 연산군, 중종, 인종, 명종, 선조를, 그다음 '광인효현 숙경영'은 광해군, 인조, 효종, 현종, 숙종, 경종, 영조를, 끝으로 '정순헌철 고순땡'은 정조, 순조, 헌종, 철종, 고종, 순종을 말합니다. 그러면 이 왕들의 순서를 기억하면서 대략적인 조선의 역사를 더듬어 나가보겠습니다. 아참, 조선의 역사는 대개 임진왜란 전까지를 전기, 임진왜란 이후부터 영조·정조 부흥기까지를 중기, 정조 이후 순조부터 마지막 순종 임금 때까지를 후기로 나누어 시대를 구분하는 것이 일반적입니다.

조선 전기

태조 이성계부터 성종 때까지는 새 나라의 기틀을 다져 가는 체제 정비기입니다. 그 이후 연산군부터 선조 때까지는 건국 초기의 참신했던 기풍이 무너지면서 나라의 기강도, 사회도 함께 해이해지는 혼란기가 됩니다.

태조 이성계재위 1392~1398는 조선을 건국한 임금입니다. 고려 말 혼란기를 평정해 민심을 수습하면서 새 나라를 열었습니다. 그의 오른팔이었던 정도전은 국호를 정하고 도읍지를 한양으로 정하는 등 사실상 조선의 밑그림을 그렸습니다. 3대 태종 이방원재위 1400~1418은 두 차례에 걸쳐 왕자의 난을 거치면서 형제들을 제거하고 임금이 됐습니다. 왕권 강화, 사병 혁파, 조세, 호적 제도 등을 정비하여 아들 세종 시대의 기틀을 닦았습니다.

4대 세종재위 1418~1450은 명실상부한 조선 최고의 성군입니다. 정치, 경제, 문화, 과학, 국방 등 모든 부문에 조예가 깊었고 애민정신의 발로로 한글을 창제했습니다. 7대 세조재위 1455~1468는 세종의 아들로 형인 문종, 조카 단종으로 이어지며 약화되던 왕권을 다시 일으켜 세웠습니다. 수양대군 시절 한명회 등의 지원을 등에 업고 조카 단종을 밀어낸 계유정란은 여러 가지 드라마틱한 요소들을 다 갖추고 있어

소설이나 드라마의 단골 소재로 이용되고 있지요. 9대 성종재위 1469~1494은 조선의 최대 법전인 『경국대전』을 완성해 국가 제도를 정비한 임금으로 평가받습니다.

건국으로부터 100년이 되는 시점인 여기까지 조선의 사회 제도가 완전히 정착된 시기라면 그 이후 연산군부터 선조 때까지의 다음 100년은 조선의 혼란기입니다. 이 시기는 조선 초 개국 공신 및 그 일족들이 주축이 된 훈구 세력이 쇠퇴하고 지방의 사림들이 점점 중앙 정계에 진출하면서 양측의 정치적 갈등이 드러나기 시작한 시기이기도 합니다.

10대 연산군재위 1494~1506은 광해군과 함께 왕의 칭호를 얻지 못한 군주입니다. 그의 사치와 방탕, 폭군의 이미지는 무오사화, 갑자사화 등을 일으켜 선비들을 떼죽음으로 몰아간 데서 비롯됐다고 할 수 있습니다. 11대 중종재위 1506~1544은 쫓겨난 연산군을 대신한 왕으로 조광조를 등용하여 개혁을 이끌며 유교 정치를 부흥시켰습니다.

14대 선조재위 1567~1608는 임진왜란 때의 임금입니다. 이 시기에 동인東人과 서인西人의 분열로 본격적인 당쟁이 시작됐으며, 선조 25년(1592)에 일어난 임진왜란으로 인해 의주로 피란을 가고 국토가 유린되는 험한 꼴을 보았습니다. 7년간 이어진 임진왜란으로 인구는 크게 줄고, 국토는 황폐해져 국가 기능이 거의

충무공 이순신 장군 기념우표

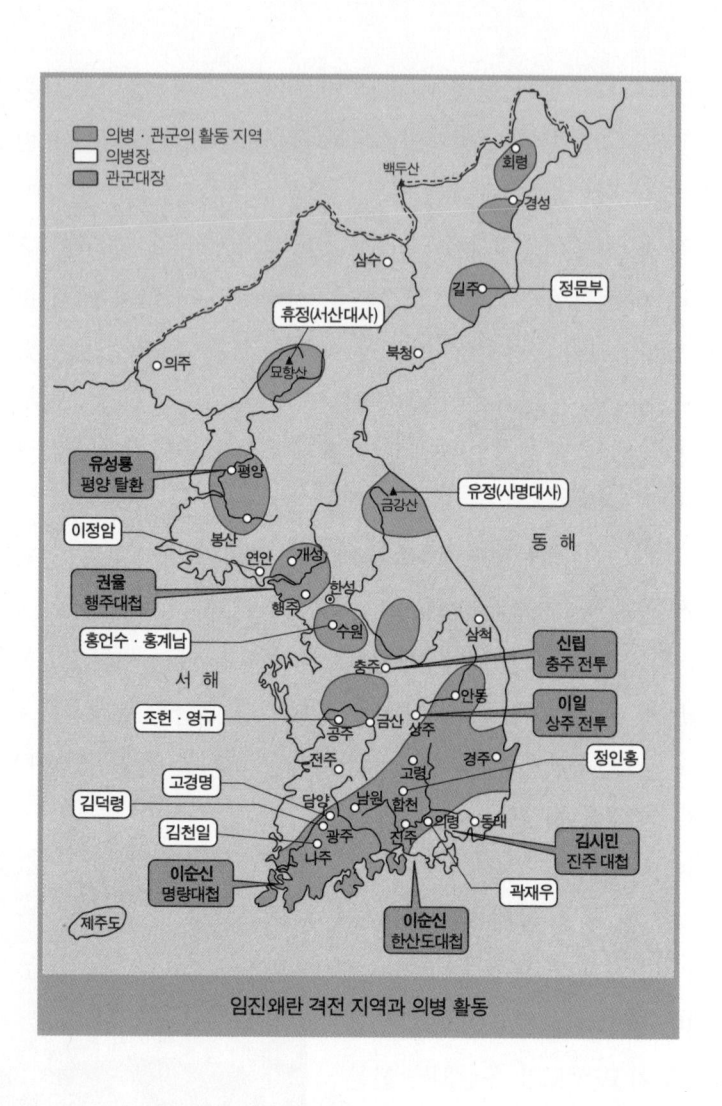

임진왜란 격전 지역과 의병 활동

마비 생태가 됐었지요. 2014년 개봉된 이순신 장군의 활약을 그린 영화 「명량」이 1,761만 명이라는 한국 영화 역대 최다 관객을 동원 했던 것도 500여 년 전 임진왜란 때의 쓰라린 역사가 아직도 우리의 애국심을 자극하고 있기 때문이었을 겁니다.

조선 중기

광해군부터 정조 때까지를 말하며, 임진왜란과 병자호란이라는 최악의 전쟁을 연이어 겪고 난 뒤 다시 국가를 정비해 나간 시기라고 할 수 있습니다. 15대 광해군재위 1608~1623은 연산군과 같이 왕위에서 쫓겨난 군주였지만 내정 개혁과 국익을 위한 등거리 외교 등으로 혁신 정치를 추진한 개혁 군주였다는 재평가를 받으면서 최근 들어 명예를 회복하고 있기도 합니다. 16대 인조재위 1623~1649는 국제 정세를 오판해 쇠락하는 명나라에 줄을 대다 신흥 강국 청淸나라의 침략을 자초한 임금으로 기록돼 있습니다. 정묘호란과 병자호란(1636)을 겪으며 남한산성에 피신해 있다가 삼전도에서 청나라에 굴욕적인 화친을 맺는 수모를 당했습니다.

19대 숙종재위 1674~1720은 잇단 전쟁으로 황폐화된 나라를 추스르고 탕진된 국가 재정을 바로 잡은 임금입니다. 세금을 쌀로 바치는 대동법大同法을 실시했으며 '상평통보'라는 화폐를 전국적으로 유통시키기도 했습니다. 21대 영조재위 1724~1776는 52년이나 왕위에 머물면서 조선 임금 중에서는 가장 긴 통치 기간을 기록했습니다. 탕평책을 실시해 당파를 초월한 인재 등용으로 당쟁을 잠재우고 서원 철폐, 균역법 실시 등으로 사회의 폐단을 바로잡고자 했습니다. 실학이 발흥했고 본격적인 서민문화가 싹트기 시작한 것도 이 무렵부터입니다.

22대 정조재위 1776~1800는 영조의 손자로, 임금이 되지 못하고 뒤주에 갇혀 죽은 사도세자의 아들입니다. 개혁 군주로 규장각을 만들어 신분에 상관없이 능력 있는 선비들을 대거 발탁함으로써 민족문화의 저변을 크게 확장시켰다는 평가를 받습니다.

조선 후기

영조와 정조 재위 시기에 반짝 부흥을 이룬 조선은 이후 순조, 헌종, 철종 등 무능한 왕들이 이어지면서 점점 쇠락의 길로 접어듭니다. 23대 순조재위 1800~1834 때부터는 왕실 외척 중심의 세도 정치가 발호하기 시작했고, 풍양 조씨, 안동 김씨 등 60여 년에 걸친 세도 정치로 부정부패가 만연하며 백성들은 도탄에 빠졌습니다. 그 결과 도처에 도적이 들끓고 홍경래의 난 등 민란이 전국적으로 이어졌습니다. 마음 붙일 곳 없는 백성들은 새로 들어온 서학(천주교)에 눈을 돌리기 시작했고, 자생적으로 생긴 민족 종교 동학에도 마음을 빼앗겼습니다.

19세기에 들어오면서 조선은 자의반 타의반으로 세계사의 조류에 휩쓸리게 됩니다. 일본과 서양 열강이 우리 역사에 본격적으로 개입하게 된 것이지요. 이런 배경에서 즉위한 26대 고종재위 1863~1907은 어떻게든 조선의 몰락을 막아보려고 몸부림친 비운의 임금이었습니다. 12세의 어린 나이로 임금이 된 아들 고종을 대신해 한동안 정권을 좌지우지한 흥선 대원군은 많은 개혁 정책들을 시행했지만 대외적으로 쇄국 정책을 고집하다 근대화의 기회를 놓치는 우를 범한 것은 대단히 아쉬운 부분입니다.

1876년에 이루어진 개항과 함께 서양 근대사상이 본격적으로 유입되면서 조선의 유교적 사회 체제는 크게 흔들립니다. 동시에 동학 사상, 개화사상, 위정척사衞正斥邪 사상 등 새로운 사조가 시대를 풍미하게 되었습니다. 결과적으로 나라의 진로를 놓고 개화파와 보수파가 첨예한 갈등을 일으키면서 임오군란(1882), 갑신정변(1984) 등이 이어집니다. 동시에 일본은 갑오개혁(1894), 명성황후 시해 사건인 을미사변(1895) 등을 단행하며 한반도 진출 야욕을 점점 더 구체화해 나갑니다. 이에 맞서 고종은 1897년에 국호를 대한제국大韓帝國으로 고치고 황제라 칭하며 자주 국가로서의 면모를 세워 보려고 했으나 국권을 지키기엔 조선의 조정이 너무 무능했고, 나라의 힘 또한 너무 쇠약해져 있었습니다. 결국 청일전쟁(1894), 러일전쟁(1904)을 잇따라 승리로 이끈 일본은 1905년에 억지로 '을사조약'을 맺어 대한제국의 외교권을 빼앗기에 이릅니다. 이어 1907년에 헤이그 특사 사건을 구실로 고종을 강제 퇴위시키고, 3년 뒤인 1910년 8월에 한일병합을 강요해 조선을 완전히 집어삼키게 됩니다.

이후 우리의 역사는 광복을 향한 독립 투쟁의 역사, 광복 후에는 민주화와 근대화라는 시대적 요청과 분단 극복이라는 민족적 사명을 수행하기 위한 노력으로 이어지며 오늘에 이르고 있습니다.

책을 마치며

저는 미국에 살고 있습니다. 그래서 더 잘 압니다. 밖에서 보니 한국은 정말 멋진 나라라는 사실이 그것입니다. 저 뿐만이 아닙니다. 한국을 좀 안다 하는 외국인들도 이구동성으로 한국을 칭찬하고 부러워합니다. 그런데 우리만 우리를 우습게 봅니다. 사건 사고가 끊이지 않는 나라. 부정부패로 곪은 나라. 청년 실업이 비등하고 노인 빈곤과 빈부 격차에 신음하는 나라. 이념 갈등, 지역 갈등, 세대 갈등에 잠잠할 새가 없는 나라. 정치는 불안하고 안보는 더 불안한 나라. 이렇게 문제만 지적하고 잘 안 되는 부분만 한탄합니다.

하지만 세상에 문제없는 나라는 없습니다. 중요한 것은 얼마나 그런 문제를 해결해 나가려는 의지가 있는가 하는 것입니다. 우리가 그랬습니다. 항상 문제가 있었고 온갖 문제투성이 속에서도 이만큼이나 달려왔습니다. 민주화도 이루고, 눈부신 경제 성장도 이뤄냈습니다. 국제통화기금IMF 자료에 따르면, 2015년 우리나라의 국내총생산GDP은 1조 4,351억 달러로 세계 11위입니다. 1인당 GDP로는 2만8,338달러로 세계 28위입니다. 이를 구매력 기준으로 환산해 보면 세계 13위 수준이랍니다. 불과 65년 전 국민소득 세계 최하위였던 우리입니다. 전 국토가 폐허가 되고, 동족상잔으로 20여 만 명이 넘게 숨진 나라가 우리였습니다. 그런 나라가 지금 이렇게 성장한 것입니다. 이게 바로 기적입니다. 세계인이 깜짝 놀라는 우리의 모습입니다.

여기서 멈출 수는 없습니다. 다시 뛰어야 합니다. 주변 나라들을 보면 그냥 이렇게 앉아 있을 수가 없습니다. 중국은 다시 깨어나고 있습니다. 과거 한나라, 당나라, 청나라 때의 영광을 다시 재현하겠다는 야심에 불타고 있습니다. 이미 중국의 국력은 일본을 앞지르고 미국까지 위협하고 있습니다. 일본도 마찬가지입니다. 아베 총리 집권 이후 '강한 일본'을 내걸고 브레이크 없는 질주를 다시 시작하고 있습니다. 우리가 그렇게 요구하는 역사 왜곡 시정도, 과거사 사과도 귓등으로 흘려들으며 오히려 더 뻔뻔하게 나오고 있습니다. 중국과 일본이 이렇게 재도약의 꿈을 착착 실현해 가고 있는데도 우리만 안에서 티격태격하고 있을 수는 없습니다. 먼저 우리를 알아야 합니다. 우리 역사를 알고 우리 조상들의 자랑스러운 모습을 알아야 합니다. 이 책을 쓰게 된 목적도 바로 이것이었습니다.

앞에서 우리는 세계인이 놀라는 자랑스러운 우리 역사의 7장면을 하나씩 살펴보았습니다. 세세한 것까지 다 기억하지 못해도 좋습니다. 하지만 제목이라도 기억했으면 합니다. 친구에게 동료에게 혹은 어쩌다 만날 수도 있는 외국인들에게 간단하게라도 내용을 전할 수 있다면 더 좋겠습니다. 그래서 끝으로 한 번 더 내용을 정리해 봅니다.

첫째는 신라의 삼국 통일입니다. 많은 이들이 우리 민족의 영토가 한반도로 국한됐다는 이유로 신라가 통일한 것을 아쉬워합니다. 광활한 만주 벌판을 휘젓던 고구려를 생각해서일 것입니다. 하지만 신라의 삼국 통일이야말로 본격적인 민족 국가의 출범이었다는 점에서 의미가 큽니다. 세계 역사상 민족 국가를 이렇게 일찍 수립하고 1000년 이상 통일 국가를 유지한 민족은 유례가 거의 없습니다. 통일 후 당나라라는 막강 외세를 자주적으로 내친 것 역시 놀라운 일입니다.

둘째는 고려의 자주성입니다. 고려는 거란, 몽골 등 막강한 외세의 침탈에도 굴하지 않고 민족의 자존심과 자주성을 지켜낸 동북아시아의 강국이었습니다. 고려청자, 팔만대장경, 인쇄술 등 빛나는 문화유산들은 그런 배경 속에서 이뤄진 우리의 자랑이자 인류의 소중한 자산입니다.

셋째는 신라에서 고려로 이어진 찬란한 불교문화입니다. 불교는 세계 4대 종교의 하나지만 본산지인 인도나 인접한 중국보다 한국에서 오히려 더 꽃을 피웠습니다. 한국 불교의 깊은 이론적 성취와 문화적 성과들은 세계 어떤 나라도 따라오지 못합니다. 오늘날 한국의 전 국토가 박물관이 된 것은 그런 불교문화의 소산입니다.

넷째는 놀라운 과학기술입니다. 전통시대 과학은 철학이기도 했습니다. 그 때문에 우리의 과학은 서양과는 다른 우리 나름의 세계관, 자연관, 우주관에 근거해 발전해 왔습니다. 그런 시각으로 바라볼 때 역사속 우리의 전통 과학기술은 세계 어느 나라 못지않게 위대했습니다.

다섯째는 세종대왕의 한글 창제입니다. 한글의 독창성, 과학성은 IT 시대에 이르러 더욱 빛을 발하고 있습니다. 그러나 한글의 진정한 위대성은 '나라 말씀이 중국과 달라……'로 시작되는 훈민정음 창제 정신에 있습니다. 군주가 오로지 백성을 위해 글을 만든 나라는 일찍이 세계 어디에도 없었습니다.

여섯째는 선비정신과 기록문화입니다. 우리 선조들은 세계 어느 민족도 따라올 수 없는 빛나는 기록유산들을 남겼습니다. 유네스코 세계 기록유산에도 조선왕조실록, 승정원일기, 이순신의 난중일기 등 아시아 국가로는 가장 많은 13개나 올라 있습니다. 이런 풍성한 기록유산을 남긴 배경에는 고유의 선비정신, 유교의 덕치주의 전통이 있었습니다. 덕치德治란 백성을 근본으로 아는 민본주의 정신이었습니다. 인仁, 의義, 예禮, 지智에 기반 한 우리의 미풍양속 또한 세계가 부러워하는 우리의 자랑입니다.

끝으로 일곱째는 천주교, 개신교의 전래와 부흥입니다. 한국 역사에서 기독교는 단순히 종교가 아니었습니다. 기독교가 전해 준 자유, 평등, 도전정신에 힘입어 한국 근대사는 더욱 풍성해지고 한 단계 업그레이드 됐습니다.

이상으로 우리 역사의 자랑스러운 7장면들을 살펴보았지만, 사실 꼭 다루고 싶었던 것이 한 가지 더 있었습니다. 그것은 한강의 기적입니다. 폐허와 질곡의 땅 위에서 사상 최단 시간 내에 산업화를 이루고 민주화를 이뤄낸 바로 그 기적입니다. 지금 경제 강국을 일궈낸 산업 기술력뿐만 아니라 세계를 휩쓰는 IT 기술과 세계인의 마음을 녹이고 있는 한류문화 역시 그 자체가 기적입니다. 어쩌면 이것이야말로 정녕 세계가 놀라는 대한민국의 역사가 아닐까 생각합니다.

영국의 역사가 E. H. 카Carr는 역사는 과거와 현재의 끊임없는 대화라고 했습니다. 그런 점에서 우리 시대의 현재적 관심사를 더 많이 책에 드러내지 못한 것은 아쉬움으로 남습니다. 또한 필자의 과문함으로 인해 최근 우리 역사학계의 빛나는 연구 성과들을 제대로 반영하지 못했다는 아쉬움도 고백합니다.

끝으로 바쁘신 중에도 원고를 꼼꼼히 읽고 조목조목 비판과 조언의 말씀을 해주신 서울대 국사학과 남동신 교수님과 서울 중앙고등학교 박범희 선생님, 그리고 한국무역협회 심상비 본부장께 깊은 감사의 말씀을 드립니다. 아울러 집필을 독려하며 책이 나오기까지 갖은 수고를 아끼지 않은 포북출판사 계명훈 사장과 손일수 주간께도 고마운 마음을 전합니다. 아무쪼록 이 책이 자랑스러운 우리 역사를 조금이나마 기억하고 이해하는데 도움이 되었기를 바랍니다. 감사합니다.

저자